L'ARBORICULTURE

MODERNE

A LA MÊME LIBRAIRIE

Corbeil. — Imprimerie Crété.

L'ARBORICULTURE
MODERNE

TRAITÉ PRATIQUE

INDIQUANT

LA MANIÈRE D'ÉTABLIR ET D'ENTRETENIR UN VERGER

LA CULTURE DES ARBRES FRUITIERS

ET DE LA VIGNE

PLANTATION, REPRODUCTION, FORMES A ADOPTER,
TAILLE, VARIÉTÉS A CULTIVER,
MALADIES, RESTAURATION ET RAJEUNISSEMENT,
RÉCOLTE ET CONSERVATION DES FRUITS,
LES TRAVAUX DE CHAQUE MOIS, ETC.

Par L. BAILLEUL

PARIS

LIBRAIRIE DE THÉODORE LEFÈVRE ET Cie

ÉMILE GUÉRIN, ÉDITEUR,

2, RUE DES POITEVINS.

L'ARBORICULTURE
MODERNE

CHAPITRE PREMIER

ANATOMIE VÉGÉTALE.

Les arbres sont des êtres vivants, organisés : il est donc essentiel que ceux qui s'occupent d'arboriculture sachent comment ces arbres croissent, comment ils se nourrissent et fructifient; sans ces connaissances, il serait difficile de faire de bonnes plantations, et, surtout, de comprendre les opérations si importantes de la taille.

Deux sortes d'organes constituent les arbres : les organes *élémentaires*, et les organes que nous appellerons *conservateurs*.

Les organes élémentaires sont le tissu *cellulaire* et le tissu *vasculaire*.

Le tissu cellulaire est composé, comme l'indique le mot *cellulaire*, d'une multitude de cellules ou vésicules, à parois tantôt arrondies et unies entre elles, tantôt pressées les unes contre les autres. Ces cellules sont pourvues d'ouvertures qui communiquent entre elles.

Ces vésicules, qui sont d'abord ovales, ne tardent pas à prendre une forme hexagonale; leurs parois s'épaississent par l'introduction de matières minérales, et, avec le temps, elles acquièrent la dureté du bois.

Le *tissu vasculaire* est formé par la réunion de vaisseaux ou de cellules dont les parois sont perforées. De distance en distance, les vaisseaux se joignent et présentent l'aspect d'un filet à mailles allongées. Le tissu cellulaire, qui apparaît le premier, forme la moelle, les parties molles des feuilles, la pulpe des fruits, l'extrémité des racines. Le tissu vasculaire, qui vient envelopper le tissu cellulaire et qui se solidifie en épaississant progressivement les parois des cellules, forme les parties solides.

Les organes conservateurs sont les *racines*, la *tige*, les *feuilles*.

La *racine* est cette partie de l'arbre qui, partant du collet, se cache dans la terre en se développant dans un sens opposé à la tige. La partie principale qui s'enfonce verticalement a pris le nom de *pivot*, et les radicelles ou ramifications qui partent du pivot se nomment *chevelu*. Ces ramifications se terminent par de petits renflements désignés sous le nom de *spongioles*.

Ce sont ces spongioles qui possèdent, seules, la faculté d'absorber les substances nutritives que contient le sol.

Nous ferons cette remarque que les arbres fruitiers provenant de semis ont seuls un pivot ; les autres, provenant de marcottes, présentent, au contraire, un talon.

La *tige* est composée d'*organes extérieurs* et d'*organes intérieurs*.

Les *organes extérieurs* sont les *boutons*, les *bourgeons*, les *rameaux*, les *branches* et le *tronc*.

Le *bouton* est le germe des ramifications de l'arbre. Il prend naissance à l'aisselle des feuilles et à l'extrémité des rameaux. On donne le nom d'*œil* au bouton naissant, et c'est seulement à l'automne qu'il devient bouton. L'espace compris entre deux boutons se nomme *mérithalle*.

Bourgeon. — Au printemps, le bouton se développe, et c'est ce premier développement des ramifications de l'arbre qui forme le bourgeon.

Rameau. — A l'automne, alors que le bourgeon a acquis de la consistance ligneuse, il devient rameau.

Branche. — Enfin, lorsque le rameau porte à son tour des ramifications, il devient branche.

Tronc. — Le tronc est la partie de l'arbre qui va du collet aux ramifications.

Les organes intérieurs sont : la *moelle*, le corps *ligneux* et l'*écorce*.

La *moelle*. — Si on coupe transversalement le tronc d'un arbre, on y trouve un corps composé de tissu cellulaire enveloppé d'une couche de tissu vasculaire, auquel on a donné le nom de *canal médullaire*. Ce canal, formé de vaisseaux médullaires, va du pivot de la racine jusqu'au sommet de l'arbre, subissant une sorte d'étranglement au point de formation des bourgeons successifs. Quant aux boutons non terminaux, c'est-à-dire les boutons qui naissent à l'aisselle des feuilles, ils sont formés par la déviation naturelle des vaisseaux du canal médullaire.

Le *corps ligneux* est cette partie de l'arbre qui s'étend entre la moelle et l'écorce. Elle est formée de couches concentriques dont chacune est le produit de la végétation durant une année. Si, au lieu d'une coupe transversale, on opère, sur le tronc d'un arbre, une coupe verticale, on remarquera que les filets ligneux formant ces couches sont le résultat d'une réunion de vaisseaux prenant naissance à la base d'une feuille et allant jusqu'à l'extrémité des racines. On remarquera encore que les vaisseaux partant d'une feuille supérieure recouvrent les vaisseaux qui ont pris naissance à la base de la feuille inférieure, de telle sorte que les couches ligneuses les plus récentes sont aussi les plus extérieures.

Le corps ligneux comprend deux parties : le *bois parfait* et l'*aubier*.

Le *bois parfait*, plus dur, plus serré que l'aubier, est formé des couches ligneuses les plus anciennes ; sa fonction est de servir de support à l'arbre.

L'*aubier*, d'un tissu plus mou, moins serré, est composé des couches ligneuses les plus externes. Les vaisseaux de l'aubier conduisent la sève des racines aux branches et ils fonctionnent avec d'autant plus d'énergie que les couches sont plus récentes.

L'*écorce* est la partie de l'arbre qui couvre le corps ligneux. Elle comprend le *liber* et les *couches corticales*.

Le *liber* est la partie la plus intérieure de l'écorce ; il est composé de vaisseaux qui, comme ceux du corps ligneux, prennent naissance à la base des feuilles et descendent jusqu'à l'extrémité des racines. Mais, contrairement à ce qui a lieu pour le corps ligneux, les vaisseaux prenant naissance à la base des feuilles supérieures, c'est-à-dire les plus récentes, forment les couches les plus intérieures.

Les *couches corticales* sont composées des plus anciennes couches du liber, que le temps a desséchées. Les jeunes arbres n'ont pas de ces couches corticales. Au-dessus du liber, on trouvera une couche de tissu cellulaire, le tissu sous-épidermoïde, de couleur verte, qui est l'épiderme

Les *feuilles* sont formées par des déviations du canal médullaire. Elles se composent de deux parties : le *pétiole* et le *disque*.

Le *pétiole* est la queue de la feuille. Les vaisseaux dont elle est formée composent, en se prolongeant et se ramifiant, les nervures de la feuille.

Le *disque* est la partie large et amincie de la feuille. La face du disque, et particulièrement la partie inférieure, est percée de petites ouvertures qu'on désigne sous le nom de *stomates*.

Les *organes reproducteurs* sont les *fleurs* et les *fruits*.

Les *fleurs* se composent du *calice*, de la *corolle*, des *étamines*, du *pistil*, et de l'*ovaire*.

Le *calice* est l'enveloppe la plus externe des fleurs ; ses divisions portent le nom de *folioles calicinales*.

La *corolle* est la partie de la fleur qui est immédiatement après le calice et enveloppe les étamines et le pistil. C'est sa couleur qui détermine la couleur de la fleur.

Les *étamines* sont les organes mâles des plantes ; elles comprennent le *filet*, l'*anthère* et le *pollen*.

Le *filet* porte à son sommet l'*anthère*, sorte de petite bourse qui renferme la poussière fécondante qu'on appelle *pollen*.

Le *pistil* est l'organe femelle ; il comprend aussi trois parties : l'*ovaire* où est contenu le rudiment des plantes à féconder ; le *style*, portant le *stigmate*, corps glanduleux, ayant à sa surface l'ouverture des vaisseaux par lesquels pénétrera jusqu'à l'ovaire la poussière fécondante du pollen.

Il arrive souvent que les étamines et le pistil se trouvent réunis sur la même fleur. Ces fleurs, alors, sont hermaphrodites. D'autres fois, la même fleur ne porte qu'un seul organe, soit mâle, soit femelle. Si les fleurs mâles et les fleurs femelles se trouvent réunies sur un même sujet, l'arbre est dit *monoïque;* dans le cas contraire, il est *dioïque.*

Fruits. — Le fruit est le résultat du développement de l'ovaire qui, après la fécondation, continue à croître, tandis que les autres parties de la fleur se flétrissent et tombent.

Le fruit se compose de deux parties : le *péricarpe* et les *semences.*

Le *péricarpe,* tendre, succulent dans la poire, sec et ligneux dans la noix, est la partie charnue du fruit, la partie la plus externe.

La *tunique* est l'enveloppe du fruit.

La *semence,* qui contient les rudiments d'une plante semblable à celle qui lui a donné naissance, est reliée au péricarpe par les vaisseaux qui ont servi à sa fécondation et qui continuent à lui apporter des substances propres à sa nutrition.

Dans la semence se trouve l'embryon, qui contient déjà la *radicule,* rudiment de la racine de la future plante nouvelle; la *plumule,* rudiment de la tige, et les *cotylédons,* partie charnue de la graine, qui serviront de premier aliment à la jeune plante.

CHAPITRE II

PHYSIOLOGIE VÉGÉTALE.

Nous venons de voir quels sont les organes dont sont constitués les arbres : examinons, à présent, quelles fonctions remplissent ces organes, en étudiant les phénomènes de la germination, de la nutrition, de l'accroissement, de la reproduction et de la mort.

La *Germination* est le développement de l'embryon que contient une graine. Il est donc nécessaire, pour qu'une plante puisse germer, qu'elle contienne un embryon, et, en outre, qu'elle ne soit pas trop vieille; car les graines perdent dans un temps plus ou moins long leur vertu germinative.

Il faut, de plus, pour que la germination se produise, le concours de certains agents dont les principaux sont l'eau, l'air et la chaleur.

L'eau agit en pénétrant la graine, en la gonflant, en faisant déchirer son enveloppe.

L'air est indispensable à la végétation; il agit par l'oxygène qu'il contient sur les cotylédons, et les rend propres à nourrir la jeune plante.

La chaleur n'est pas moins nécessaire. Sans chaleur, la graine demeurerait inactive. Toutefois, trop de chaleur nuirait à la végétation; elle ne doit pas être de plus de 45 à 50 degrés.

Ainsi, voici ce qui a lieu, lorsqu'on dépose une graine dans la terre : cette graine absorbe une certaine quantité d'eau qui l'amollit; la radicule s'enfonce dans le sol, tandis que la plumule se redresse et se dirige en haut, vers la lumière, portant à sa base les cotylédons dont la substance se liquéfie et qui seront la nourriture première de la jeune plante.

Quant à la profondeur à laquelle devront être enfouies les graines, elle varie selon la grosseur des espèces, et selon que le sol est léger ou compact. On comprend, d'après le rôle de l'eau dans la germination, qu'il est important d'entretenir l'humidité par des arrosements, afin d'empêcher la dessiccation.

La *Nutrition* est l'acte par lequel des organes puisent dans le sol ou dans l'air certaines substances qui, introduites dans les végétaux, se modifient de façon à les rendre propres à la nourriture et à l'accroissement du végétal.

Ces organes sont les *racines* et les *feuilles*.

Les substances qui sont introduites par les racines sont l'acide carbonique, l'ammoniaque, l'acide azotique, le soufre.

Les feuilles puisent dans l'air du gaz acide carbonique, de l'ammoniaque et de l'hydrogène sulfurés.

Si les végétaux ne trouvent pas ces substances en suffisante quantité, ils dépériront et mourront. Les engrais qu'on emploie ont pour but de les leur procurer, en suppléant à la pauvreté ou à l'épuisement du sol.

Mais ce n'est qu'à la condition que l'eau leur servira de véhicule que ces substances s'introduiront dans le végétal; et les spongioles étant les seuls organes absorbants des racines, il est manifeste qu'elles ne pourront absorber les substances nutritives qu'après qu'elles auront été dissoutes par l'eau.

Importante dans l'acte de la germination, l'eau ne l'est pas moins dans l'acte de la nutrition.

Quand, chargée de matières nutritives, l'eau a pénétré par les spongioles dans les racines, elle prend le nom de sève.

Des racines, la sève s'élève par les vaisseaux de l'aubier jusque dans les cellules des feuilles où s'opèrent diverses modifications de la plus haute importance.

Lorsque, sous l'influence de la lumière et des rayons solaires, la sève est montée jusqu'au pétiole de la feuille et qu'elle s'est logée dans les cellules du disque, elle perd par l'évaporation ce qu'elle contenait d'eau en excès, et il ne reste que les matières nutritives.

A cette première modification vient s'en joindre une autre.

L'oxygène de l'air absorbé par les feuilles se combine avec les matières carbonées fournies par le sol et les engrais pour former l'acide carbonique; puis ce gaz est lui-même décomposé : le carbone se fixe dans le végétal, et l'oxygène est reversé dans l'air. Le gaz acide carbonique absorbé par les feuilles subit la même transformation.

On a donné le nom de *cambium* à la sève ainsi transformée.

C'est surtout pendant le jour que les racines remplissent leurs fonctions, et pendant la nuit que les feuilles exercent l'absorption.

Accroissement. — La transformation de la sève en cambium

ne peut s'opérer que sous l'action des rayons solaires. Au printemps, la sève montant des racines au sommet de l'arbre agit sur les vaisseaux qui aboutissent à la base des boutons qui, par suite, se développent en bourgeons. Ces bourgeons trouvent, pour former leurs premiers tissus, une certaine quantité de cambium resté inactif depuis l'automne précédent.

C'est le commencement de l'accroissement en longueur.

Les seules parties de l'arbre dues à l'accroissement en longueur, c'est-à-dire auxquelles la sève ascendante donne ainsi naissance, sont les vaisseaux du canal médullaire, la moelle, une couche très mince de liber, le tissu sous-épidermoïde et l'épiderme.

Quant à l'accroissement en diamètre, il ne peut s'opérer sans le concours des feuilles.

Dès que les premières feuilles ont commencé à se déployer, la sève qui a monté des racines se transforme en cambium; et ce cambium dans son mouvement de descente vient enrayer l'allongement produit par la sève ascendante, en solidifiant les parties qu'elle traverse, à l'aide de filets ligneux et corticaux.

Cette action de la sève et du cambium explique pourquoi les bourgeons d'un arbre privé de lumière ou se trouvant dans un lieu humide acquièrent une si grande longueur. Les feuilles de ces bourgeons, ne subissant pas l'influence des rayons solaires, ont peu ou point élaboré de cambium, d'où il en est résulté que l''élongation a été continuelle et l'accroissement en diamètre à peu près nul.

L'accroissement en longueur du bourgeon se fait pendant l'espace d'une année. L'année suivante, un nouveau bourgeon se développe et continuera l'allongement de l'arbre. L'accroissement en diamètre a lieu pendant toute l'existence du bourgeon.

Dès que les premières feuilles se déploient, elles transforment, ainsi que nous avons dit, la sève en cambium, et ce cambium, passant des cellules dans les nervures, des nervures dans le pétiole, descend, en donnant naissance à un certain nombre de vaisseaux ligneux, jusqu'à l'extrémité des racines.

A mesure que des feuilles se développent en haut du

bourgeon, leurs filets ligneux viennent recouvrir ceux qu'avaient produits les feuilles inférieures.

A la fin de l'automne les feuilles disparaissent et tout accroissement cesse pour recommencer au printemps suivant. Ainsi, chaque année, une nouvelle couche de filets ligneux ou d'aubier s'ajoute à la précédente. Au bout d'un temps, lorsque les matières nutritives ont achevé de solidifier les vaisseaux, l'aubier se transforme en bois dur, nommé bois parfait.

Néanmoins, on peut encore, d'après les couches ligneuses de chaque année, se rendre compte approximativement de l'âge d'un arbre.

La sève descendante produit encore, outre les corps ligneux, le liber, dont les vaisseaux partant de la base des feuilles s'étendent, comme les vaisseaux de l'aubier, jusqu'à l'extrémité des racines. Mais, contrairement à ce qui a lieu pour les vaisseaux de l'aubier dont les plus récents sont toujours les plus externes, les vaisseaux les plus récents du liber forment la couche la plus intérieure.

L'accroissement de l'aubier s'opère du centre à la circonférence ; l'accroissement du liber se forme de la circonférence au centre.

L'accroissement des racines est produit par le même cambium ou sève descendante qui donne naissance au liber et à l'aubier.

Les spongioles sont renouvelées chaque année.

Reproduction. — Les fleurs sont le premier acte de la reproduction. Il est à remarquer que la floraison n'a lieu, sur les arbres non soumis à la taille, que lorsqu'ils ont atteint un certain développement, lorsque la sève circule assez lentement pour qu'elle puisse subir cette préparation qui donne naissance aux organes reproducteurs.

C'est pour cela qu'on a cherché dans la taille le moyen d'obtenir des fleurs plus tôt, et autant que possible sur la branche mère ou sur un onglet très court, afin qu'ils acquièrent un plus gros volume. La beauté d'un fruit est, en effet, subordonnée à la quantité de sève qu'il reçoit.

Lorsque les fleurs sont épanouies, il s'opère un acte important : la *fécondation*. Les anthères s'entr'ouvrent et laissent échapper le pollen qui tombe sur le stigmate et pénètre jusqu'aux loges de l'ovaire.

La fécondation achevée, la fleur se fane, les organes de la fécondation se flétrissent, tombent, et il ne reste que l'ovaire qui grossit et se développe en fruit.

Mais pour que ce phénomène s'accomplisse parfaitement, certaines conditions atmosphériques sont essentielles. La gelée déchire les organes ; le froid, la pluie, les brouillards prolongés peuvent délayer le pollen avant qu'il ait pénétré dans les vaisseaux du stigmate. Et alors, comme on dit, les fleurs ont coulé.

Le fruit, dès qu'il est noué, se nourrit de la sève ascendante, qu'il attire à lui des racines, et qui est transformée en cambium. La surabondance d'eau s'évapore par les stomates.

La quantité de sève absorbée par les fruits est telle que si un arbre en est trop chargé, il pourra s'épuiser. Par suite, le cambium élaboré par les fruits ne servant qu'à leur propre accroissement, le développement de l'arbre se trouve suspendu, et la fructification se prépare mal pour l'année suivante.

De là la nécessité de ne laisser aux arbres qu'une quantité de fruits proportionnée à leur vigueur.

Nous avons dit que, pendant le temps de leur développement, les fruits, comme les feuilles, attirent à eux la sève et la transforment en cambium, absorbant l'acide carbonique et exhalant l'oxygène. Lorsque la maturité s'opère, c'est le contraire qui a lieu : ils absorbent l'oxygène et exhalent l'acide carbonique. C'est alors que, sous l'influence de la lumière et de la chaleur, ils prennent les teintes variées qui leur sont propres.

On voit pourquoi les fruits verts sont dangereux pour la santé, et pourquoi il est bon de ne manger les fruits que quelques jours après qu'ils ont été cueillis. Ne recevant plus de sève, ils élaborent complètement celle qu'ils ont reçue et acquièrent une saveur plus douce et plus sucrée.

Les fruits doivent être cueillis lorsque la peau devient transparente. Cueillis trop tôt, ils se rident et ne mûrissent pas.

Mort des arbres. — En dehors d'accidents, les arbres vivent très longtemps. Les nouvelles racines qu'ils émettent, les nouveaux bourgeons qui se succèdent retardent le momen où ils cèdent, enfin, à l'action destructive du temps. Mais, trop souvent, les arbres sont victimes des amputations qu'on leur fait subir, en vue de les mettre à fruits, et qui ont pour conséquence les chancres, les caries et autres maladies.

CHAPITRE III

AGENTS DE LA VÉGÉTATION.

Il ne suffirait pas de tailler les arbres, de leur donner, même, une taille raisonnée, pour assurer et accélérer leur fructification; ces soins seraient à peu près inutiles si leur nutrition ne s'opérait pas dans des conditions favorables, ou au moins convenables.

Les agents principaux de la végétation sont le *sol*, l'*eau*, l'*air*, la *lumière* et la *chaleur*.

Les phénomènes de la végétation s'accompliront d'autant mieux que ces divers éléments se rencontreront dans de meilleures proportions.

Le *sol* porte les plantes, et c'est en lui, que par leurs racines, elles puisent la plupart des éléments qui servent à leur accroissement. De sa nature dépend, en grande partie, le résultat de la végétation. Dans un bon sol, tout pousse et vient facilement, comparativement sans travail et sans peine. Si le sol laisse à désirer, tous les efforts devront donc tendre à l'améliorer, à l'aide d'amendements, d'engrais et d'une culture raisonnée.

Les sols peuvent être ou argileux, ou siliceux ou calcaires.

L'*argile* est compacte, difficile à diviser; elle retient l'humidité et est peu perméable; mouillée, elle forme une pâte molle, collante; sèche, elle se fend et devient très dure. Dans l'un et l'autre cas, elle est impénétrable à l'air. Le froid, l'humidité et la chaleur sont également préjudiciables aux arbres plantés dans un sol de cette nature. Après avoir commencé par produire des bourgeons vigoureux, ils ne tardent pas à devenir languissants.

Mais ces sols, intelligemment amendés, deviennent d'une fertilité remarquable. A cet effet, on les divise en y mélangeant du sable, de la marne, des décombres, des ordures des chemins ; et, si le sol est absolument sans valeur, on a recours à des brulis de bois, d'épines, de ronces, de genêts, d'ajoncs, de débris de toutes sortes.

La *silice* est, au contraire de l'argile, très friable, facile à diviser, très perméable à l'eau et à l'air, et conséquemment, les sols siliceux sont toujours exposés à la sécheresse. Les arbres poussent peu dans ces terres. Ils fleurissent, mais les fruits sont petits. Toutefois, ils sont savoureux.

Il est rare que la silice ou sable ne se rencontre pas plus ou moins abondamment dans tous les sols, sous forme tantôt de cristal de roche, insoluble dans l'eau, tantôt de poudre blanche très fine, tantôt encore en combinaison avec d'autres substances.

Les meilleurs amendements sont l'argile, la chaux, la marne, et, si l'on peut s'en procurer, des décombres qu'on pulvérisera afin de les répandre également sur le sol, et qu'on aura soin d'enfouir par un temps sec.

Les *sols calcaires* s'échauffent difficilement, leur couleur blanche repoussant les rayons du soleil. Ils absorbent beaucoup d'humidité, mais, aussi, la perdent aisément ; on comprend donc pourquoi ces sols sont peu favorables à la culture des espèces à pepins et aussi des espèces à noyaux. Mais, si la matière calcaire est à elle seule presque infertile, il est indispensable qu'elle se trouve en certaine quantité. Les fruits à noyaux, par exemple, en ont un besoin absolu. Les noyaux sont formés, en partie, de carbonate de chaux : si cet élément leur fait défaut, les fruits tomberont ou auront un goût amer.

Les sols calcaires s'amendent au moyen d'argile, de sable et d'engrais fortement colorés.

Il est rare qu'un sol soit uniquement argileux, ou siliceux ou calcaire. Ordinairement, ces éléments se trouvent mêlés en plus ou moins grande quantité. Le sol parfait serait celui qui les contiendrait dans une égale mesure, soit 33 p. 100 d'argile, — 33 p. 100 de silice, — 33 p. 100 de calcaire. C'est de ce but qu'il faut chercher à se rapprocher par des amendements bien compris.

On ne perdra pas de vue, dans tous les cas, que la cause première de la fertilité est l'*humus*, matière produite par la décomposition des végétaux et des animaux. L'humus fournit aux plantes l'azote et le gaz acide carbonique qui imprègne l'eau du sol, et est un réservoir de substances naturelles placé au pied de l'arbre.

On trouvera quelquefois sur place l'amendement nécessaire. En examinant la nature du sous-sol, il pourra se faire qu'on rencontre une couche compacte sous une couche de calcaire, et une couche de sable à une certaine profondeur. Un sous-sol compact sera très utile dans un terrain siliceux en conservant l'humidité que celui-ci laisse échapper, tandis qu'un sous-sol siliceux n'eût fait qu'augmenter la sécheresse de la couche arable.

La nature du sol devra servir de guide pour le choix des arbres que l'on voudra planter. Ainsi, pour le poirier, on le greffe sur cognassier, sur poirier franc, sur cormier et sur épine blanche : si la terre est substantielle, on prendra sur cognassier; pour un sol plus léger, on choisira le poirier sur franc, et pour les sols siliceux, le cormier. Pour les sols complètement calcaires, on aura recours à l'épine blanche. Ce sera plus long, sans doute, mais on ne s'exposera pas à un échec, et on récoltera de bons fruits.

L'eau. — Nous avons vu le rôle que remplit l'eau dans la germination des graines : dans la végétation, ce rôle n'est pas moins important. Dans le sol, elle dissout les matières propres à la nutrition des plantes, les absorbe, et sous le nom de sève, les porte jusque dans les cellules des feuilles. Dans l'atmosphère, sous forme de rosée, elle procure aux feuilles l'humidité qui remédie à la sécheresse du sol.

Mais, si indispensable que soit l'eau à la végétation, cet

élément ne doit se trouver que dans une quantité déterminée. Sans eau, pas de végétation; trop de sécheresse, les feuilles se fanent, tombent, et l'arbre languit. Si, au contraire, l'humidité est surabondante, le bois sera mal constitué, et il en résultera peu de fleurs, l'année suivante. Si l'eau séjourne près des racines, elles pourriront et l'arbre sera exposé à mourir.

L'humidité peut être combattue, lorsqu'elle est excessive, par les amendements et le drainage. Pour la sécheresse, on a les paillis et les arrosages.

Si la sécheresse n'est que passagère, la végétation sera seulement moins active et la prochaine floraison sera plus abondante.

L'*air* est indispensable à la vie des plantes. La germination ne peut s'accomplir sans le secours de l'air, et c'est dans l'air que les plantes puisent l'oxygène qui se combinera avec les matières carboniques contenues dans la sève pour former le cambium. Sans air, les racines ne pourraient remplir leurs fonctions qui consistent à absorber les principes fertilisants du sol. C'est pour cela que, plus un sol est compact, plus il doit être rendu perméable par des binages réitérés.

L'air est tellement nécessaire que les arbres enfermés entre des murailles trop rapprochées, même ceux qui demandent le plus de chaleur, languissent et meurent

La *lumière* participe à tous les actes de la végétation; elle les détermine et les accélère. Elle produit l'évaporation de la surabondance d'eau, elle provoque et active l'absorption par les racines. En outre, c'est sous son influence que s'opère la décomposition de l'acide carbonique, décomposition qui permet au carbone de concourir à l'accroissement de l'arbre et des fruits.

C'est encore à l'action de la lumière que les fruits doivent leur saveur, les feuilles leur coloration. Il est donc utile de ne pas laisser les fruits dans l'obscurité, et de les exposer à l'influence des rayons solaires.

La *chaleur* est encore un des agents les plus actifs de la végétation. Point de chaleur, point de végétation. Elle est nécessaire pour la germination, la floraison, la fécondation et la maturation des fruits. Elle stimule l'énergie vitale des plantes et augmente l'évaporation.

Mais pour que la chaleur produise ses effets bienfaisants, il faut qu'elle existe dans de certaines limites, et qu'elle soit combinée avec une humidité suffisante.

Trop de chaleur, avec sécheresse, arrête la végétation; et si la sécheresse continuait, les fruits, comme nous l'avons dit, tomberaient et l'arbre languirait.

Nous avons indiqué comme remède contre la sécheresse les arrosages, les paillis. Nous ajouterons les couvertures de fumier ou de composts, qui auront pour objet de soustraire le sol à l'évaporation, — des aspersions sur les feuilles, mais le soir, après le coucher du soleil; et, enfin, des arrosements à l'engrais liquide.

Un ou deux arrosements à l'engrais liquide ont quelquefois suffi pour sauver toute une récolte de fruits.

Si à une chaleur très élevée se joint trop d'humidité, les arbres produiront des feuilles et des bourgeons, mais ni fleurs ni fruits.

Un arbre supportera parfaitement de fortes gelées, mais ce sera à la condition que ses racines plongeront dans un terrain sec. Il sera donc prudent, pour assurer ce résultat, lorsqu'on aura à craindre de grands froids, de couvrir le pied des arbres de feuilles ou de paille.

CHAPITRE IV

DES GREFFES.

On peut multiplier les arbres fruitiers par le semis de leurs graines, par les marcottes, les boutures et la greffe.

La *greffe* offre de grands avantages : elle permet de multiplier promptement les espèces, et en nombre aussi considérable qu'on le désire; — elle reproduit exactement l'espèce greffée; elle a une influence remarquable sur le volume et la qualité du fruit. Par la greffe, enfin, on peut placer sur un arbre vigoureux les boutons à fruits d'un arbre faible, et, ainsi, hâter la fructification.

On donne le nom de sujet à l'arbre que l'on opère, et celui de greffon à la portion de rameau que l'on implante dans le sujet.

On choisira, de préférence, pour greffer, une température douce. Pour que l'opération réussisse, il est nécessaire que les vaisseaux séveux qui portent la sève des racines aux feuilles soient bien en contact avec les vaisseaux séveux de la greffe. Le contact étant parfait, la sève des vaisseaux partant de la racine et aboutissant aux feuilles fait pression sur l'axe des yeux de ces feuilles qui convertissent la sève en cambium. Dans son mouvement de descente, le cambium recouvre les plaies de la greffe, et celle-ci, soudée au sujet, finit par faire complètement partie de l'arbre.

Les instruments pour greffer sont :

Le *greffoir*,

Une *scie à main*, ou *égohine*, qui sert à couper les tiges ou des branches trop grosses pour être tranchées avec la serpette.

Une *serpette*, pour couper ou fendre les tiges ou les branches peu volumineuses qui doivent recevoir le greffon.

Un petit *coin* en bois dur ou en ivoire, destiné à maintenir entr'ouverte la fente faite avec la serpette ;

Enfin, pour tenir la greffe en place et la soustraire au contact de l'air et de la pluie, on se sert d'une *ligature* de laine ou de coton, plutôt que de chanvre, qui a l'inconvénient de se rétrécir à l'humidité ou encore d'écorces de saule assouplies par un court séjour dans l'eau. On recouvre, en outre, le tout d'un mastic, afin d'empêcher toute action de l'air.

Il y a des mastics de diverses sortes.

L'*onguent de Saint-Fiacre*, qui est un composé d'argile et de fiente de vache, résiste peu à l'action du soleil et de la pluie. On ne saurait guère l'employer que pour les pommiers à haute tige, dont les greffes reprennent très facilement. Cet onguent, en effet, a l'inconvénient de se fendiller en séchant, et les plaies ne sont plus alors qu'imparfaitement abritées.

Le mastic *l'homme fort* a un avantage, celui de s'employer à froid et d'être d'un prix peu élevé ; son usage est excellent, quoique son adhérence ne soit pas toujours d'une longue durée. Cependant, ce mastic acquiert une dureté extraordinaire dans l'espace de quelques jours ; il ne se ramollit pas au soleil et ne se fendille pas sous l'influence des gelées.

Un mastic, qu'on emploie à froid, et qu'on peut composer soi-même, et dont nous avons constaté les excellents effets, s'obtient en opérant ainsi : on fait fondre ensemble, en mélangeant, 500 grammes de cire jaune, 500 grammes de térébenthine, — 250 grammes de poix de Bourgogne, — 125 grammes de suif de mouton.

Quand le mélange est opéré, on laisse refroidir jusqu'à un certain point; puis, ayant les mains mouillées, on en forme de petites boules ou des bâtons. Au moment de s'en servir, on le rend suffisamment ductile en le maniant entre les doigts qu'on aura soin de mouiller afin d'empêcher l'adhérence.

Nous diviserons les greffes en trois catégories : les greffes par *approche*, par *rameaux* et par *gemme*, *œil ou bouton*.

GREFFES PAR APPROCHE.

Greffe Agricola. — Cette greffe est utile pour regarnir un vide, pour remplacer une branche absente, lorsque, à cause de la dureté de l'écorce, l'insertion d'un rameau présenterait de la difficulté. On commence par chercher dans le voisinage du vide un rameau qui puisse s'y adapter. Lorsqu'on a choisi ce rameau, on pratique sur le sujet une entaille de 4 à 5 centimètres de long, d'une largeur et d'une profondeur égales au diamètre du rameau que l'on veut y insérer. On incise également le rameau, et on applique bien l'entaille de la greffe sur l'entaille du sujet, de façon que les couches du liber coïncident sur le plus de points possible. On couvre de mastic et on ligature.

L'année suivante, au moment de la taille d'hiver, le rameau greffé sera soudé au corps de l'arbre. Alors, on coupe la greffe au-dessous du point de soudure, et on rendra sa position première à la branche qui l'a fournie et qui servira, de nouveau, comme branche latérale.

Greffe Agricola.

Comme toutes les greffes par approche, cette greffe se pratique en toutes saisons, mais mieux au printemps et à l'automne.

Greffe herbacée Jard. — Cette greffe a beaucoup derapports avec la précédente. Toutefois, au lieu d'un rameau, on se sert d'un bourgeon herbacé. Il faut donc pratiquer cette opération depuis le milieu de juin jusqu'au commencement d'août.

Cette sorte de greffe s'emploie avec avantage pour remplir des vides parmi les rameaux à fruits qui garnissent les branches mères du pêcher et des autres arbres à noyau, mais il est nécessaire qu'on opère sur des branches bien saines. Sur la vigne, les résultats ne sont pas aussi satisfaisants.

On pratique sur la partie dénudée une incision longue de 3 à 4 centimètres ; à chaque extrémité de cette incision, on en fait une autre transversale et on soulève, de chaque côté, l'écorce avec la spatule du greffoir (A).

On fait, ensuite, sur le bourgeon à greffer une entaille pénétrant jusqu'à l'aubier, vers le tiers de son épaisseur, en ayant soin qu'il y ait une feuille au-dessus, au milieu de la partie entaillée (B). On insère le bourgeon sur l'aubier de la branche, on lie avec du coton et on recouvre de mastic.

Pendant la végétation, l'œil placé au milieu se soudera à la branche et se développera comme s'il était né sur cette branche. Le sevrage peut se faire au printemps suivant.

Le même bourgeon, à la condition d'être vigoureux, pourra servir à remplir, ainsi, plusieurs vides continus; on n'aura qu'à pratiquer les incisions de distance en distance, et, l'année suivante, à couper le bourgeon à chaque extrémité de chacune des incisions (C).

Greffe Leberryais. — La greffe herbacée s'emploie encore pour augmenter le volume des fruits; mais elle demande

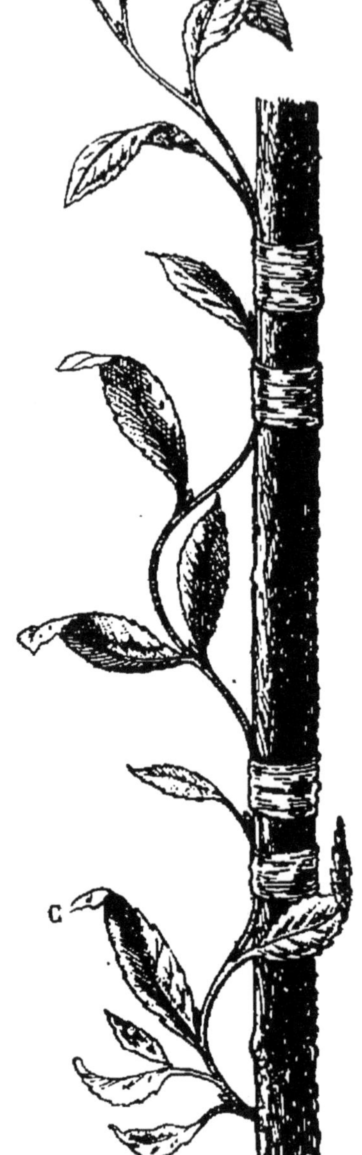

Greffe herbacée Jard.

toujours beaucoup de soins, de temps et d'adresse.

Voici comment on opère : on choisit dans le voisinage d'un beau fruit un bourgeon vigoureux. On pratique sur le pédoncule ou près du pédoncule et sur le bourgeon deux entailles correspondantes qu'on applique l'une sur l'autre. On lie avec du coton. La reprise étant faite, on pince l'ex-

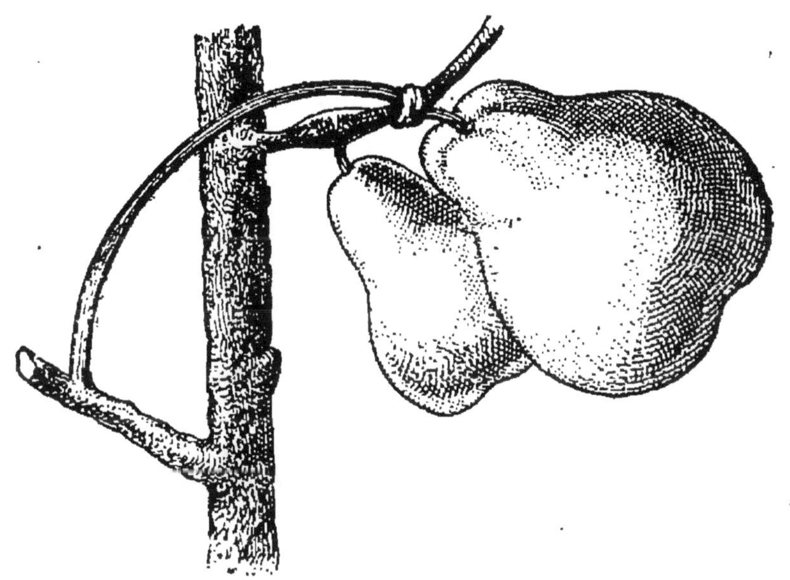

Greffe Leberryais.

trémité du bourgeon, dont la sève va nourrir le fruit. L'abondance de sève est alors telle que ce fruit acquiert une grosseur énorme.

Greffe anglaise. — Cette greffe est employée pour souder ensemble les arbres en cordons, en palmettes alternes, et les branches des arbres soumis à certaines formes.

Greffe anglaise (A).

On pratique sur le coude de l'arbre et sur la branche qu'on veut y greffer une entaille correspondante, pénétrant jusqu'au tiers environ de l'épaisseur du bois (A). On fait une esquille en sens inverse sur le sujet et sur la greffe, vers le tiers de l'incision (B). On fait pénétrer ces esquilles l'une dans

Greffe anglaise (B).

l'autre; on lie et on couvre de mastic (C). Au bout d'un an, les rameaux sont soudés, et il n'y a qu'à enlever la ligature. On coupe les rameaux au delà du point de soudure.

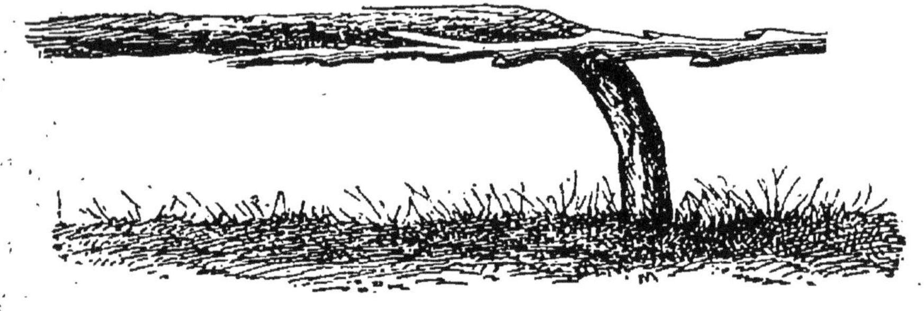

Greffe anglaise (C).

Cette greffe peut être faite en toute saison, même pendant la végétation. Mais elle devra toujours être pratiquée sur le côté, si l'on veut éviter la production des gourmands.

GREFFES PAR RAMEAUX.

Pour que les greffes par rameaux puissent reprendre il est nécessaire que le sujet soit en sève et la greffe à l'état absolu de repos. Il importe donc que les greffes soient détachées du pied-mère pendant le sommeil de la végétation, et pas plus tard que le mois de janvier. On choisira pour greffons des rameaux de l'année précédente, les plus vigoureux et ceux dont le bois aura eu le temps de se constituer complètement avant les premiers froids ; on devra, en outre, prendre ces rameaux sur des arbres bien sains. Lorsqu'on a fait choix des greffes, on les enterre horizontalement, à 30 centimètres environ de profondeur, au nord, à l'endroit le plus froid du jardin, et elles restent là jusqu'à ce que soit venu le moment de les employer.

On pratiquera les amputations bien nettes, pour que les écorces ne soient pas déchirées sur leurs bords.

On placera le greffon sur le sujet de façon que la partie inférieure de l'écorce du sujet soit en contact immédiat avec l'écorce intérieure du greffon.

On abritera les greffons, pendant les premiers jours qui suivront l'opération, contre l'air et les ardeurs du soleil.

Enfin, on veillera à ce que les greffons ne soient pas ébranlés, et, ensuite, à ce que les bourgeons qui naissent toujours sur la tige des sujets étêtés ne détruisent pas la greffe en absorbant toute la sève des racines.

Greffe en fente ou **Atticus.** — C'est, peut-être, la plus ancienne, et celle, aussi, qui présente le plus de danger pour la santé des arbres. Elle se pratique au printemps sur les arbres à fruits à pépins ; à la même époque, ou mieux à l'automne, sur les arbres à fruits à noyau. Elle est usitée principalement pour les arbres à haute tige.

Voici comment on opère : on coupe le sujet horizontalement, à hauteur convenable, avec la serpette ou la scie ; dans ce dernier cas, on a soin de rafraîchir la coupe avec la serpette (A). On pratique au milieu une fente verticale, d'environ six centimètres de profondeur, qu'on maintient ouverte à l'aide d'un coin, si cela est nécessaire.

On taille le rameau en biseau, à sa partie inférieure, sur une longueur de **2 à 3** centimètres, en ayant soin qu'il ait un œil à la partie supérieure du biseau (B).

Le rameau étant ainsi préparé, on le place dans la fente du sujet, de façon que le liber du sujet et celui de la greffe soient bien en contact (C). L'écorce de la greffe étant plus mince que celle du sujet, il sera utile de la rentrer un peu ; si la pression ne suffit pas pour maintenir la greffe qui ne doit jamais être ébranlée, on ligature et on recouvre de mastic.

Cette greffe reprend généralement ; mais il arrive que la fente est longtemps à se reboucher, que l'eau et l'air y pénétrent et déterminent des maladies telles que nécroses, chancres ou caries. Chez le pêcher, elle a fréquemment pour conséquence la gomme.

Quelquefois, on place deux greffes en face l'une de l'autre. On préfère cette manière d'opérer lorsque la grosseur du

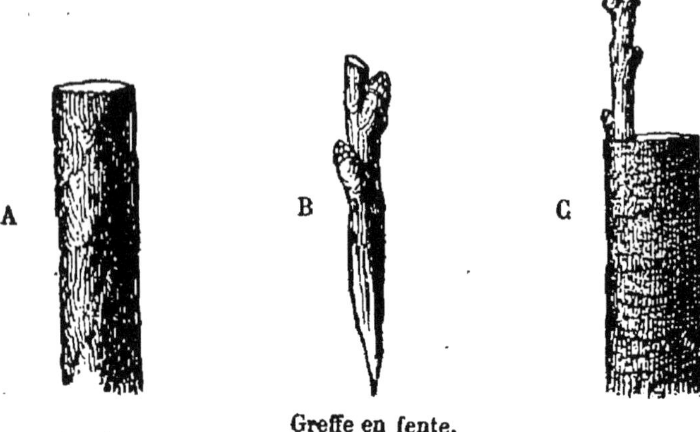

Greffe en fente.

sujet permet de l'employer. La plaie se cicatrise plus promptement et l'on a plus de chance de réussir qu'avec un seul greffon.

Si les deux greffons viennent, on pincera le plus faible et on le supprimera au bout de la deuxième année.

Greffe Bertemboise. — Elle est de beaucoup préférable à la greffe Atticus, dont elle diffère sur un point important : au lieu de couper l'arbre horizontalement, on le taille en biseau, en laissant une petite plate-forme au sommet du biseau. On fend, ensuite, la partie la plus élevée du biseau avec la serpette, après avoir eu soin de couper l'écorce pour éviter de la fendre.

Cette taille en biseau offre divers avantages : d'abord, elle a pour effet de concentrer l'action de la sève sur le point où sera posée la greffe, et, ensuite, la plaie se recouvrira plus aisément.

On taille la greffe également en biseau, en commençant les entailles de chaque côté d'un œil, et en ne laissant jamais plus de trois yeux. On ajuste la greffe dans l'ouverture, maintenue, s'il le faut, au moyen d'un coin, et de façon que les vaisseaux séveux du sujet et ceux de la greffe soient bien en contact. On pourra, afin d'être sûr que ce contact soit bien établi, après avoir ajusté la greffe par le haut, la faire ressortir d'un millimètre environ par le bas.

On lie fortement le haut de l'arbre et on couvre de mastic.

La greffe Bertemboise se pratique du mois de février au 15 mars.

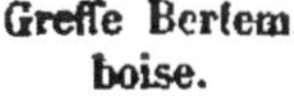

Greffe Bertemboise.

Greffe en fente anglaise. — Cette greffe est très solide, énergique et facile à exécuter. Elle rend de réels services dans les pépinières, lorsque les écussons n'ont pas réussi, et dans les jardins, pour greffer les prolongements et raccommoder des branches cassées. Mais elle ne peut se pratiquer que sur de petits arbres, et encore à la condition que le sujet et la greffe seront à peu près de même grosseur.

On taille le sujet en biseau très allongé; puis, vers le tiers

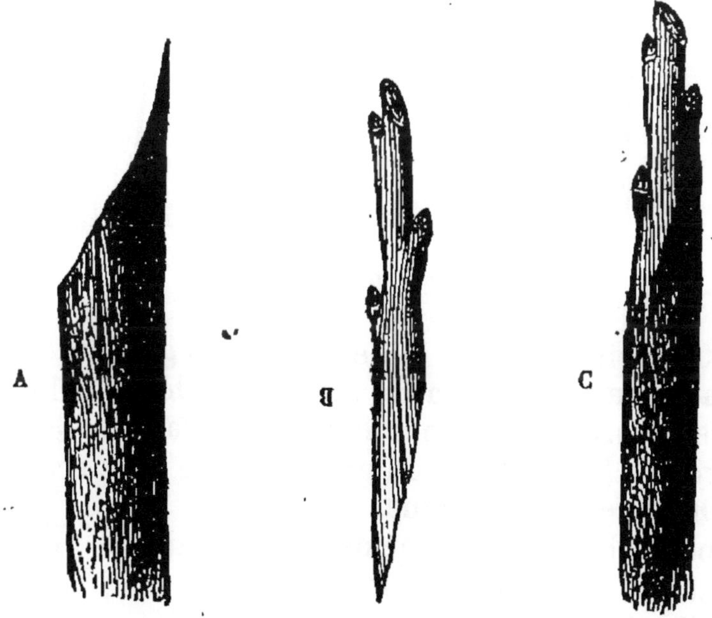

Greffe en fente anglaise.

supérieur de ce biseau, on pratique une fente verticale (A). On coupe aussi la base du greffon en biseau allongé et on pratique également une fente verticale vers le tiers inférieur de la longueur de ce biseau (B). On introduit les esquilles l'une dans l'autre, en faisant bien coïncider les écorces (C). On lie et on couvre de mastic.

Cette greffe se pratique du 15 février au 15 mars ; lorsqu'il s'agit de raccommoder des branches cassées, on peut opérer en toute saison, même pendant la végétation.

Greffe en couronne. — C'est en avril, alors que la sève est déjà assez abondante pour permettre de soulever les écorces, que se pratique cette greffe. Elle offre plusieurs avantages sérieux : elle ne désorganise pas l'arbre, puisqu'on n'a pas de fente à opérer, et elle est d'une reprise facile. On l'emploie pour les fortes branches.

Voici comment on procède :

On coupe horizontalement la tige ou la branche, on fend l'écorce verticalement jusqu'au bois, sur une longueur

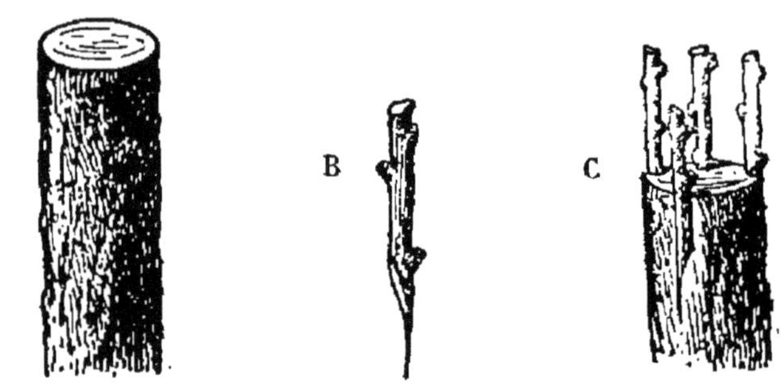

Greffe en couronne.

de 0^m,08 environ (A). On taille la base du greffon en bec de flûte, avec un cran à la partie supérieure de l'entaille (B). On soulève l'écorce au sommet de l'incision faite au sujet, puis on introduit la languette du greffon entre cette écorce et le bois. On lie et on mastique.

On peut placer sur le même sujet autant de greffes que l'on veut en ayant soin de les espacer de cinq centimètres entre elles (C).

Greffe en couronne perfectionnée. — La greffe en couronne est très employée pour les arbres déjà âgés, dont on veut changer la nature des fruits. Mais il existe une autre manière de procéder, qui est beaucoup plus sûre et à laquelle on a donné le nom de greffe en couronne perfectionnée.

On coupe le sujet en biseau, comme pour la greffe en fente Bertemboise, on fend l'écorce verticalement à partir du sommet du biseau, et on la soulève d'un côté seulement, du côté le plus large (A).

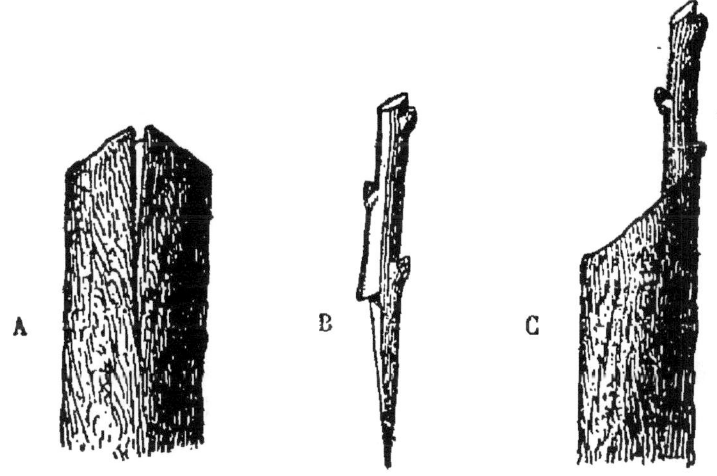

Greffe en couronne perfectionnée.

La greffe, taillée en bec de flûte, doit avoir un petit crochet à la naissance du bec de flûte, et ce crochet devra être adapté sur l'extrémité du biseau (B). On incise l'écorce de la greffe du côté qui s'adaptera sur l'écorce non soulevée; puis on insère la greffe sous la partie qu'on a soulevée avec la spatule du greffoir entre l'écorce et le bois (C). On lie et on mastique.

Greffe par rameaux de côté. — Cette greffe se pratique sur le côté de la tige ou des branches, et par conséquent ne nécessite pas d'amputations. Elle se pratique à la même époque que la greffe en couronne.

Greffe de côté Richard. — Cette greffe est très employée pour remplacer, sur les arbres soumis à des formes régulières, les branches qui viennent à faire défaut, et où l'on n'a pu en former au moyen de la greffe par approche.

On commence par faire sur le sujet une incision (A) en forme de T.

On choisit pour greffe un rameau un peu cintré; on le taille en bec de flûte (B), et on l'insère sous l'écorce du sujet qu'on soulève avec la spatule du greffoir (C). Ensuite on lie et on couvre de mastic.

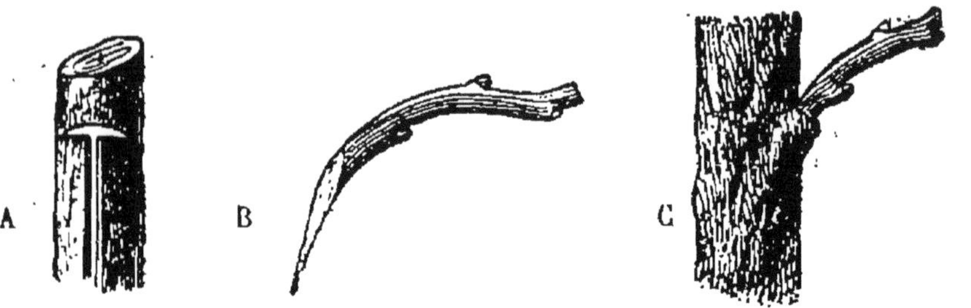

Greffe de côté Richard.

Greffe Girardin.—Cette greffe est spécialement employée pour placer sur des arbres vigoureux les fruits des arbres faibles, et aussi pour mettre à fruits des arbres rebelles. On ne peut l'employer que pour le poirier et le pommier. C'est un moyen d'éviter des mutilations toujours dangereuses.

La greffe Girardin se pratique au mois d'avril et même tant qu'il y a sur l'arbre des feuilles très vertes.

On enlève sur de jeunes arbres qui devront être rabattus au printemps suivant, ou sur des arbres faibles ayant trop de boutons, de petits rameaux portant un bouton à fleur. On enlève les feuilles, mais en ayant soin de laisser attachée à la greffe une partie du pétiole.

Greffe Girardin.

Si le bouton est latéral (A), on procède comme pour un

écusson, mais en laissant plus de bois au centre, afin de ne pas s'exposer à blesser le bouton à fruit ; si le bouton est terminal (B), on coupe le rameau à une longueur de quatre à cinq centimètres, et on le taille en biseau allongé.

Dans l'un et l'autre cas, on fait sur le sujet une incision en forme de T, aux points où l'on veut faire se développer une branche à fruits, on soulève l'écorce et l'on insère la greffe (C). On ligature et on mastique.

C'est généralement ainsi qu'on cultive les variétés de poiriers faibles. On a, par exemple, un poirier de Beurré d'Amanlis pour les variétés de saison ; un poirier de Curé ou de Catillac pour les variétés d'hiver, et dès que les branches sont suffisamment fortes on les couvre de boutons de variétés faibles. Ces boutons fleurissent au printemps suivant, et encore pendant toute l'existence de l'arbre.

D'autres arbres qui poussent vigoureusement, comme les crassanes, les bons chrétiens d'hiver, font attendre longtemps leurs fruits. On hâte leur fructification en greffant sur leurs branches des boutons d'autres variétés. C'est un moyen sûr d'empêcher qu'ils s'emportent.

GREFFES PAR GEMMES

Le caractère de ces greffes consiste simplement à enlever un ou deux yeux sur un morceau d'écorce pour le placer sur un sujet. Elles sont particulièrement employées pour de jeunes sujets ou de jeunes branches, présentant une écorce mince, lisse et tendre.

La greffe en écusson est très employée dans les pépinières pour les petits arbres ; on en fait encore usage pour placer des lambourdes sur les arbres peu fertiles ou donnant des fruits de qualité médiocre.

Cette greffe se pratique au printemps, à *œil poussant*, ou à la fin de l'été, à *œil dormant*. Ce dernier mode est préférable, la reprise étant plus assurée.

On devra avoir soin de choisir pour écusson un œil bien formé ; ceux du milieu de la branche sont les meilleurs.

On coupe les feuilles et on laisse une partie de la queue (A).

L'écusson enlevé, et préparé comme nous venons de dire, on fait sur le sujet (B), à l'endroit où on veut le poser, une incision transversale en forme de T ; on soulève les écorces du sujet avec la lame du greffoir et on fait glisser l'écusson dessous, en le tenant par le pétiole de la feuille. On ligature, en ne laissant aucun vide entre la tige et l'écusson.

Quelques semaines plus tard on s'assurera s'il n'y a pas lieu de desserrer la ligature, afin d'éviter l'étranglement du bourgeon.

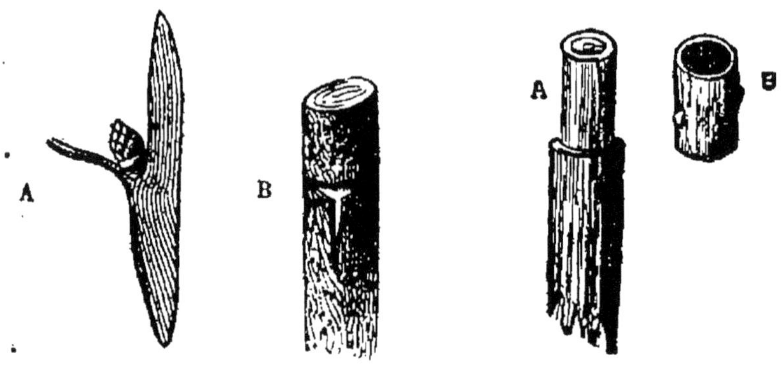

Greffe en écusson. Greffe en flûte.

Quelques-uns veulent qu'on détache de l'écusson la mince partie d'aubier qu'on a enlevée en même temps que l'écorce. La reprise ne se fera pas moins bien, l'écusson s'adaptera même mieux.

Avec l'opération à œil poussant, on coupera la tête du sujet à dix centimètres de la greffe, et on laissera pousser quelques petits bourgeons pour appeler la sève.

Si les écussons ne devaient pas être utilisés immédiatement, on les placerait dans de la mousse humide ou dans un linge mouillé.

La greffe *en lambourde* se pratique de la même manière.

Les greffes par gemme *en flûte*, *en flûte Jefferson*, *en flûte sifflet*, sont peu employées. Elles consistent à prendre sur un bourgeon ou sur une branche un ou plusieurs anneaux d'écorce (B) munis d'yeux et à les mettre à la place d'une même étendue d'écorce qu'on a enlevée sur le sujet (A).

Cette greffe ne peut se pratiquer que pendant la sève. Faite en mai, elle est à œil poussant; faite au commencement d'août, elle est à œil dormant. Il est évident, en outre, que le sujet et la greffe doivent être visiblement de même grosseur.

MARCOTTAGE.

Le *marcottage* est un moyen de multiplication qui convient spécialement à certains arbres. Il consiste à faire développer des racines à une tige qu'on veut séparer du pied-mère. Ce procédé est fondé sur la connaissance acquise que les branches en général contiennent des rudiments de racine prêts à se développer dans des conditions favorables, et que les racines sont pourvues de germes de bourgeons qui se produisent dans leurs parties tenues hors de terre.

Le *marcottage simple* peut se faire en toute saison, mieux au printemps. On choisit des rameaux d'un an, deux ans au plus, pris sur des arbres jeunes, vigoureux ; on les cache, sans les séparer du pied-mère, dans une petite fosse de $0^m,15$ de profondeur ; on remplit de terreau, et l'on relève l'extrémité des rameaux que l'on fixe à un tuteur. Au besoin, on retiendrait la marcotte dans le sol au moyen d'un crochet. On suprime les yeux qui, sur la marcotte, se trouvent entre le pied et le point où elle entre en terre. Le sol sera tenu humide.

On pourra sevrer à l'automne suivant.

Marcottage en cepée. — Il suffit de couper la tige de l'arbrisseau à 20 centimètres environ de hauteur. Au printemps, cette tige se couvre de bourgeons qu'on butte avec de bonne terre, et des racines ne tardent pas à se développer.

On pourra, dès l'automne, séparer du pied-mère.

BOUTURES.

On sépare du pied-mère un rameau ou une partie de rameau qu'on met en terre ; et cela suffit pour que ce rameau ou cette partie de rameau prennent racine et constituent un nouvel individu. Quelquefois, aussi, on sépare une portion de racine pour lui faire produire une tige. C'est un moyen très élémentaire de multiplication; mais il ne convient pas à toutes les espèces d'arbustes. On en use avec succès pour la vigne, le prunier, le cognassier, le groseillier. Un rameau avec son talon, c'est-à-dire coupé près du point où il s'unit à la branche, est d'une reprise assurée.

On bouture en janvier et février, en terre fraîche.

CHAPITRE V

HOIX DES ARBRES ET PLANTATION.

Du choix des arbres dépendront les résultats que l'on obtiendra. On ne saurait donc, sous ce rapport, se montrer trop soigneux. On tiendra compte des observations que nous avons faites touchant la nature du sol, du climat et, aussi, de l'exposition. S'il est des variétés qui viennent à toutes les expositions, il en est d'autres qui réclament absolument le midi.

En général, on ne plantera que des arbres d'un an, ou de deux ans de greffe : des greffes d'un an pour les cordons unilatéraux, de deux ans pour les grandes formes. Planter des arbres plus gros, dans l'espoir d'avoir plus tôt des fruits, est une erreur : ces arbres sont généralement pourvus de racines volumineuses; on en brise une partie par la déplantation, et l'arbre reste souffrant pendant des années, si même il ne finit pas par languir et mourir.

Les meilleurs sujets sont ceux dont l'écorce est vive, lisse, bien nourrie et dont les yeux sont bien constitués. Les racines devront être en bon état; s'il en manque un tiers, c'est trop.

Moins les racines seront exposées à l'air, plus la reprise sera prompte et assurée : on comprend dès lors combien il importe que les arbres expédiés par les pépiniéristes soient emballés avec soin.

Aussitôt que les arbres seront arrivés, si le temps est favorable, on les déballera, et, si l'on ne peut les planter immédiatement, on les mettra en jauge. On prendra garde, dans tous les cas, de les laisser exposés au soleil, qui ferait rider les écorces, ni à la pluie qui ferait noircir et pourrir les racines.

Nous avons entendu conseiller, lorsque les arbres arrivent fatigués, et ridés, de les faire baigner entièrement dans l'eau, pendant une heure ou deux : nous craignons que cette façon de procéder ne soit dangereuse ; ce qu'il y a de certain, c'est que la reprise d'arbres en cet état est bien aventurée.

Pour mettre les arbres en jauge, on ouvre une tranchée d'environ quarante centimètres de largeur sur autant de profondeur, et l'on y place les arbres un à un, près les uns des autres, en ayant soin que la terre adhère aux racines ; et, lorsqu'on a tout recouvert, on foule avec le pied et l'on rechausse. Les arbres doivent être enterrés droits.

Lorsque les arbres auront été pris en route par la gelée, et qu'il y aura apparence que le froid se prolonge, on les mettra tout emballés dans une cave, par exemple, où ils puissent dégeler doucement. Au bout de quelques jours, on pourra les déballer et les enterrer un à un dans du sable, qu'on aura soin de ne pas mouiller.

Nous avons dit que les arbres les plus forts et les mieux développés sont les meilleurs. Nous ferons une exception pour le pêcher ; on choisira, de préférence, ceux de force moyenne, à cause de la gomme à la première taille.

Plantation. — En général, la meilleure époque pour planter est de la fin d'octobre jusqu'au 15 décembre. Lorsqu'il n'y a pas de gelée, on peut planter jusqu'à la fin de janvier, mais il est préférable de ne pas attendre jusqu'à ce moment. Voici pourquoi : lorsqu'on plante aussitôt après la chute des feuilles, les racines profitent des pluies et des neiges d'hiver ; elles sont affermies et prêtes à pousser vigoureusement au retour de la végétation. Dans ces conditions, l'arbre, s'il a été planté avec toutes ses racines, n'a presque pas souffert, et l'on aura gagné une année.

Voici comment on opère : Pour les plantations rapprochées, telles que cordons verticaux, cordons obliques, on creuse une tranchée de la largeur et de la profondeur de quarante centimètres environ. On dépose tout près les engrais qui devront être composés de déchet, de terreau, et jamais d'engrais en fermentation.

On procède ensuite à *l'habillage;* avec une serpette bien tranchante, on coupe l'extrémité des racines qui ont été brisées ou même seulement endommagées à l'arrachage; la section sera faite de façon à ce que la coupe pose à plat sur le sol, afin que le cambium puisse plus facilement former un bourrelet où les racines prendront naissance.

Si les racines sont intactes, on les laissera telles, afin de conserver les spongiales; car, qu'on ne l'oublie pas, la reprise d'un arbre est proportionnée au bon état de ses racines.

Pour les arbres isolés, on procède comme pour les arbres en espalier. Les trous devront avoir au moins cinquante centimètres de côté et quarante centimètres de profondeur.

On placera les greffes en avant. Chaque arbre sera posé à l'endroit qu'on aura déterminé d'avance; et, lorsqu'il s'agira d'espaliers, on laissera une distance de 15 à 20 cent. entre l'arbre et le mur.

Un homme tient l'arbre, les racines bien appuyées sur la terre du fond et à la hauteur voulue, tandis qu'un autre recouvre avec la main les racines qui sont superposées étage par étage. Jamais il ne faut jeter brusquement la terre, qui devra, d'ailleurs, être pulvérisée, afin qu'elle pénètre bien dans les interstices.

Quand le premier étage est recouvert, on procède de même pour l'autre, et ainsi de suite, de façon à ce que les spongioles et les racines ne soient pas agglomérées sur un seul point, et qu'elles ne soient pas privées de l'air qui leur est nécessaire.

Nous savons que ce sont les spongioles qui puisent les

substances qui concourent à la nutrition des arbres : c'est donc l'extrémité et le dessus des racines qu'il importe d'entourer et de couvrir d'engrais. Celui qu'on mettrait près du tronc ne serait d'aucune utilité. Par-dessus l'engrais, on met une couche de terre.

Quant à la profondeur à laquelle devront être enterrées les racines, elle variera selon que les sols seront argileux ou siliceux. L'important est qu'elles demeurent soumises à l'influence de l'air, sans le concours duquel elles ne sauraient vivre. Donc, dans les sols argileux, quatre à cinq centimètres seront suffisants, tandis que dans les sols très exposés à la sécheresse, dix ou douze centimètres seront souvent nécessaires.

En général, on laissera l'écusson à l'air, sans quoi la greffe s'affranchirait; mais seulement au niveau du sol. Afin d'éviter cet affranchissement de la greffe, il sera bon, après chaque labour, d'écarter les terres jusqu'au niveau de l'écusson.

On se gardera de piétiner la terre; il suffira d'appuyer dessus légèrement.

Taille de plantation. Les uns, après la plantation, ne taillent pas du tout les arbres; d'autres, au contraire, leur enlèvent une grande partie de leurs branches. Si on taille trop, on prive l'arbre du cambium qu'il tient en réserve; si l'on ne taille point du tout, les racines, en supposant même qu'elles aient peu souffert, auront de la difficulté à fournir assez de sève pour déterminer la formation de bourgeons.

Nous pensons qu'il convient d'opérer sur la tige sinon une taille, au moins quelques suppressions, et que ces suppressions devront être subordonnées à l'état des racines de l'arbre et à la forme à laquelle on le destine.

———

CHAPITRE VI

FORMES A DONNER AUX ARBRES.

Les formes à donner aux arbres ne doivent pas dépendre du caprice, de la fantaisie ; elles doivent être choisies d'après les espèces et la vigueur de chacune d'elles. Ainsi, on réservera pour les grandes formes les arbres vigoureux ; pour les formes moyennes, les espèces d'une certaine force, et on donnera les petites formes aux espèces faibles.

Ne pas tenir compte de ces observations serait s'exposer à des échecs à peu près certains. Ainsi, par exemple, donnez au *Doyenné d'hiver* ou à la *Duchesse* une forme telle que la palmette à branches croisées ; l'arbre cessera bientôt de pousser, il se couvrira de fruits, et sera ruiné en quelques années. Si, encore, on met en palmette à branches courbées un arbre vigoureux, il aura une végétation luxuriante, qu'il sera difficile de maîtriser, et on obtiendra rarement des fruits. Donnons, au contraire, à l'arbre vigoureux la forme de la palmette à branches croisées, qui lui imprimera un état de gêne constant, et à l'arbre faible ou de vigueur moyenne la forme à palmette simplement courbée ou telle autre des petites formes, comme celle du candélabre, l'un et l'autre végéteront de la façon la plus satisfaisante et se mettront promptement à fruits.

On évitera donc les formes qui rendent difficile l'équilibre de l'arbre, particulièrement les troncs verticaux par lesquels la sève fait irruption, abandonnant les branches du bas pour se porter aux extrémités supérieures.

Mieux vaudrait ne pas donner du tout de formes aux arbres que de les assujettir à une forme qui ne serait pas en rapport avec leur mode de végétation. Prenons par exemple le pêcher et l'abricotier : avec une ligne verticale, le pêcher s'emportera et ne donnera pas de fruits ; l'abricotier, au contraire, palissé verticalement, fleurira et fructifiera abondamment. Donnons au pêcher des lignes horizontales, sa fertilité sera remarquable ; imposons ces mêmes lignes à l'abricotier, nous n'aurons que des gourmands à la base, et le sommet s'éteindra rapidement.

Nous indiquerons dans un chapitre ultérieur les variétés de poiriers qui sont cultivés avec le plus de succès, leur vigueur et conséquemment la forme qui convient à chaque espèce.

Mais, lorsqu'on aura à déterminer la forme à donner à un arbre, n'oublions pas qu'aux variétés de vigueur moyenne doivent être réservées les petites formes, telles que *candélabres* à *quatre branches*, *obliques*, *palmettes alternes*, etc. ; et aux variétés vigoureuses les grandes formes d'espalier et de plein vent, telles que *palmettes à branches courbées*, *palmettes Verrier*, *vases*, *pyramides*, etc.

Pyramide. — C'est peut-être la forme la plus ancienne, et on la voit encore dans beaucoup de jardins. Longtemps en faveur, elle est aujourd'hui dépréciée et l'on tend à la faire disparaître.

Il est certain que l'équilibre en est difficile à établir ; les uns donnent trop de développement à la tige et pas assez aux branches charpentières ; la sève, qui tend toujours à monter, abandonne la base, qui s'appauvrit et dépérit. D'autres, par un excès contraire, laissent trop de longueur et d'écartement aux branches de la charpente.

Cette forme présente d'autres inconvénients que M. le professeur Dubreuil a ainsi résumés :

1° La charpente de ces arbres ne peut être complètement formée, c'est-à-dire avoir deux mètres de diamètre à la la base et six mètres de hauteur que vers la douzième année, et le produit maximum ne peut être atteint que vers la quinzième année après la plantation.

2° Ces arbres exigent beaucoup d'espace et conviennent peu aux petits jardins. On ne peut alors placer qu'un petit nombre de variétés, et n'avoir ainsi qu'une série d'époques de maturité très restreinte.

3° La formation de la charpente, l'une des plus difficiles à exécuter, exige beaucoup de soins et des connaissances assez précises.

4° Il est presque impossible de soustraire ces arbres à l'influence des intempéries du printemps et des vents violents.

5° Il n'y a pas proportion suffisante entre le produit de ces arbres et l'étendue du terrain qu'ils occupent.

6° La hauteur qu'on est obligé de laisser acquérir à ces arbres rend les opérations de la taille longues, difficiles et fatigantes, par suite de la nécessité où l'on est de manœuvrer autour de ces arbres une échelle double de six mètres d'élévation. Leur ombrage porte au loin, nuit aux récoltes voisines, et les fruits placés vers le sommet sont souvent détachés par la violence des vents avant leur entier développement.

7° Enfin, les fruits placés trop loin du canal de la sève sont moins beaux, et les rameaux à fruits situés dans l'intérieur du cône, ne recevant pas une action suffisante de la lumière, sont peu nombreux.

Nous ne sommes pas partisan de cette forme, dont les inconvénients, comme on voit, sont réels ; cependant, le nombre de ceux qui la conservent dans les jardins étant assez grand, nous dirons comment procéder pour obtenir de bons résultats.

Nous parlons, bien entendu, de la vraie pyramide, de celle qui doit avoir deux mètres de diamètre à sa base et six mètres de hauteur, et non de ces arbres qui poussent au hasard, sans forme régulière.

On choisira, pour la plantation, des greffes de deux ans, des sujets forts et vigoureux.

A la première taille, c'est-à-dire au printemps qui suivra l'année de la plantation, on coupera la tige à cinquante centimètres au-dessus du sol; toutes les branches seront rabattues sur leur empatement, de sorte qu'il ne restera plus qu'un tronc dépourvu de branches.

Lorsque les bourgeons auront atteint une longueur de cinq à six centimètres, on placera verticalement, le long de la tige, une baguette bien droite que l'on enfoncera en terre, et qui servira de tuteur à la tige. On prendra pour servir de flèche le bourgeon le plus élevé et le mieux disposé à prendre la verticale. Ce sera le plus souvent le bourgeon de côté, opposé à celui où la greffe a été placée.

On cherchera, ensuite, les cinq bourgeons les mieux placés pour former la première série de branches latérales; les bourgeons superflus seront supprimés.

Pendant toute la durée de la sève, on prendra soin d'attacher la flèche au tuteur, à mesure qu'elle se développera. On donnera, au moyen d'arcs-boutants, une bonne direction aux branches latérales, en leur faisant former un angle de 48 degrés avec l'horizon.

Un moyen mécanique de s'assurer si une branche forme à peu près un angle de 48 degrés, c'est de mesurer cette branche et de lui donner pour écartement les deux tiers de sa longueur. On l'éloigne ou on la rapproche selon qu'elle a ou qu'elle n'a pas cette longueur.

Lorsque les branches latérales ont atteint un développement de $0^m,40$, on pratique sur elles une taille en vert, à $0^m,10$ de leur extrémité. Ces branches gardent donc une longueur de $0^m,30$, afin d'obtenir une flèche de la moitié ou des deux tiers plus longue que les branches latérales, et quatre ou cinq fois plus grosse.

On ne pratiquera jamais de taille en vert sur la flèche, à moins qu'on ne soit certain d'obtenir une seconde série de branches à $0^m,30$ ou $0^m,40$ durant la sève. Dans ce cas, on pourrait gagner une année.

Quant à la longueur à donner à la flèche, on se guidera d'après la vigueur. Une flèche faible, d'environ $0^m,25$, ne devra pas être taillée. On lui conservera l'œil terminal conique. Si elle est de vigueur moyenne, on taille à $0^m,25$. Si elle est vigoureuse, on taille d'après le nombre de séries pouvant donner des bourgeons.

Établissement des séries. — On mesure $0^m,25$ sur la tige, à partir du point où la flèche prend naissance; à cette hauteur, ou un peu au-dessus, on prend le bouton qui, par sa position, convient le mieux pour continuer la flèche. Puis, au-dessous, on compte quatre boutons bien constitués pour composer la série des branches latérales, et l'on supprime otus les autres. On choisit quatre boutons, car on ne doit pas oublier que, seule, la première série comprend cinq branches.

Si l'on établissait deux séries, il faudrait, à partir du point où la flèche prend naissance, mesurer 0m,50 sur la tige. Là, on prendrait le bouton destiné à continuer la flèche: puis, au-dessous, on choisirait quatre autres boutons pour former la première série de branches latérales, et l'on supprimerait les autres jusqu'à 0m,25. A partir de ce point, on choisirait encore quatre autres boutons pour composer la deuxième série, et l'on supprimerait tous ceux placés au-dessus.

Si l'on voulait établir trois ou quatre séries, on mesurerait 0m,75 ou un mètre sur la tige et l'on procéderait comme on vient de dire.

On n'oubliera pas, cependant, que les séries doivent être plus ou moins espacées, selon qu'elles se trouvent dans la partie supérieure, moyenne ou inférieure de l'arbre.

Taille des branches latérales. — Chaque branche latérale doit avoir en longueur le tiers de la hauteur de la tige mesurée à partir du point où elle prend naissance sur cette même tige. Conséquemment, la branche latérale ne devra allonger, chaque année, que du tiers de la flèche taillée.

On taille ordinairement sur un œil en dehors; en dedans, si la branche s'écartait trop de la tige; si elle inclinait trop à droite ou à gauche, sur un œil de côté.

Lorsque le rameau qui doit continuer la branche charpentière se termine par un bouton à fleurs, il n'y a rien à faire au moment de la taille. Plus tard, lorsque les fleurs sont épanouies, on supprime ces fleurs, en ayant soin de conserver les feuilles qui se trouvent à l'empatement. C'est du milieu de ces feuilles que sortira le bourgeon destiné à continuer le prolongement.

Pendant la sève. — Lorsque les bourgeons ont atteint 0m,30 on les rabat à 0m,20 pour qu'ils ne nuisent pas au développement de la flèche.

On fait la même taille sur les branches latérales de la série inférieure, dans le but d'équilibrer la sève, si ces branches ne sont pas de force égale.

Il y aura à répéter tous les ans les mêmes opérations.

On voit qu'on a raison de dire que la formation des pyramides demande des soins et des difficultés. Mais, si on tient à cette forme d'arbres, on ne pourrait mieux réussir qu'en suivant les conseils que nous venons de donner et qui sont ceux du Frère Henri, qui s'est occupé, à Rennes, avec un succès particulier, de la culture des arbres en forme de pyramides.

Pyramide ou cône à ailes. — Les pyramides à ailes ont également l'inconvénient d'occuper trop de place, et, pour la moindre opération, elles nécessitent le transport d'une échelle de six mètres.

Toutefois, cette forme offre moins de difficultés que la pyramide et elle a l'avantage d'être d'une grande fertilité. Les branches étant bien espacées, elles reçoivent l'action de la lumière, et les fruits mûrissent parfaitement.

De plus, les branches étant greffées les unes aux autres par approche, elles forment un ensemble solide et ne se choquent pas les unes contre les autres.

Voici comment on procède :

On commence par former la charpente, qui se compose d'une tige en fer fixée au pied de l'arbre, et de fils en fer, quatre ou cinq, suivant le nombre des ailes.

Les fils de fer, séparés les uns des autres par un intervalle égal, sont fixés en terre à un mètre de la tige, et leur extrémité va rejoindre le sommet de cette même tige.

Les branches latérales sont prises par séries, comme sur la pyramide ordinaire, et en observant les mêmes distances pour chaque série.

A mesure qu'une branche latérale apparaîtra, on lui donnera un tuteur qui sera fixé, d'une part à la tige de l'arbre, et, de l'autre, au fil de fer correspondant. On lui conservera, ainsi, une position symétrique.

A mesure que les branches d'un étage seront sufisamment longues, on les greffera par approche sur celles correspondantes de l'étage supérieur.

Palmette simple horizontale. — Cette forme se compose d'une tige verticale et de branches qui, à des distances

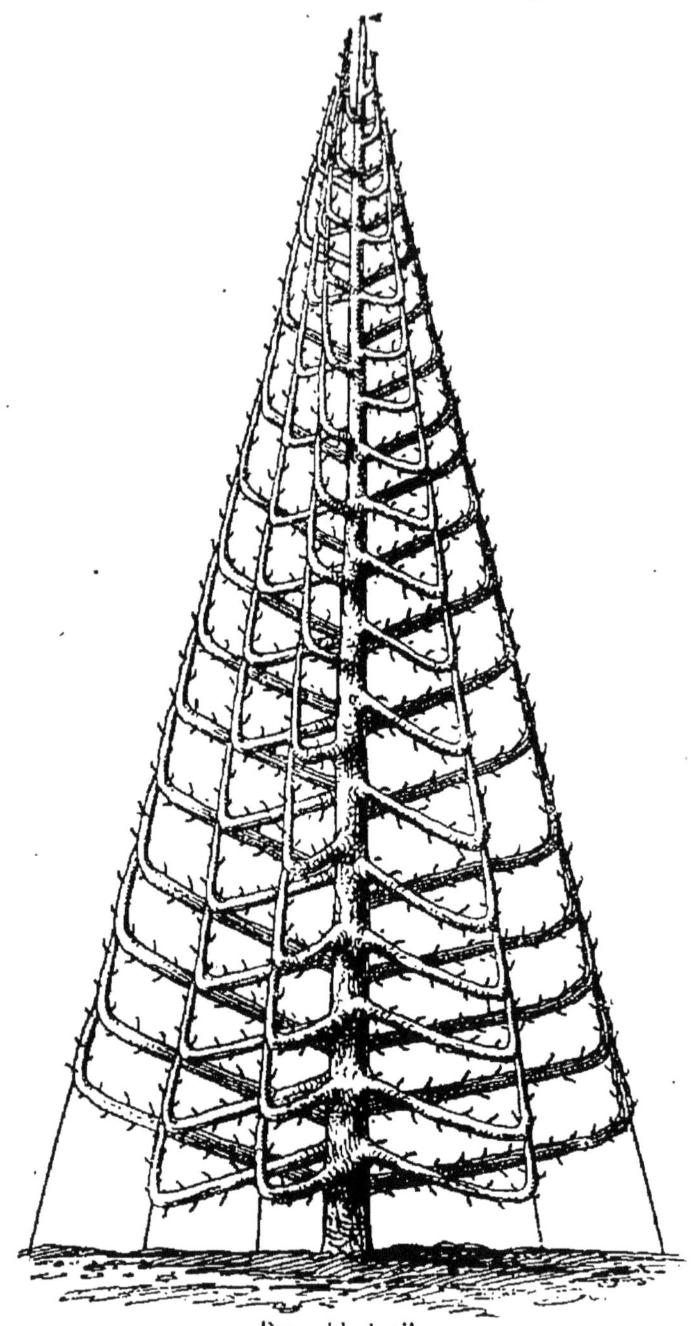

Pyramide à ailes.

de 30 centimètres, se détachent à droite et à gauche de cette même tige, et sont palissées horizontalement.

Sur la tige, rabattue à $0^m,30$ ou $0^m,40$, on choisit trois

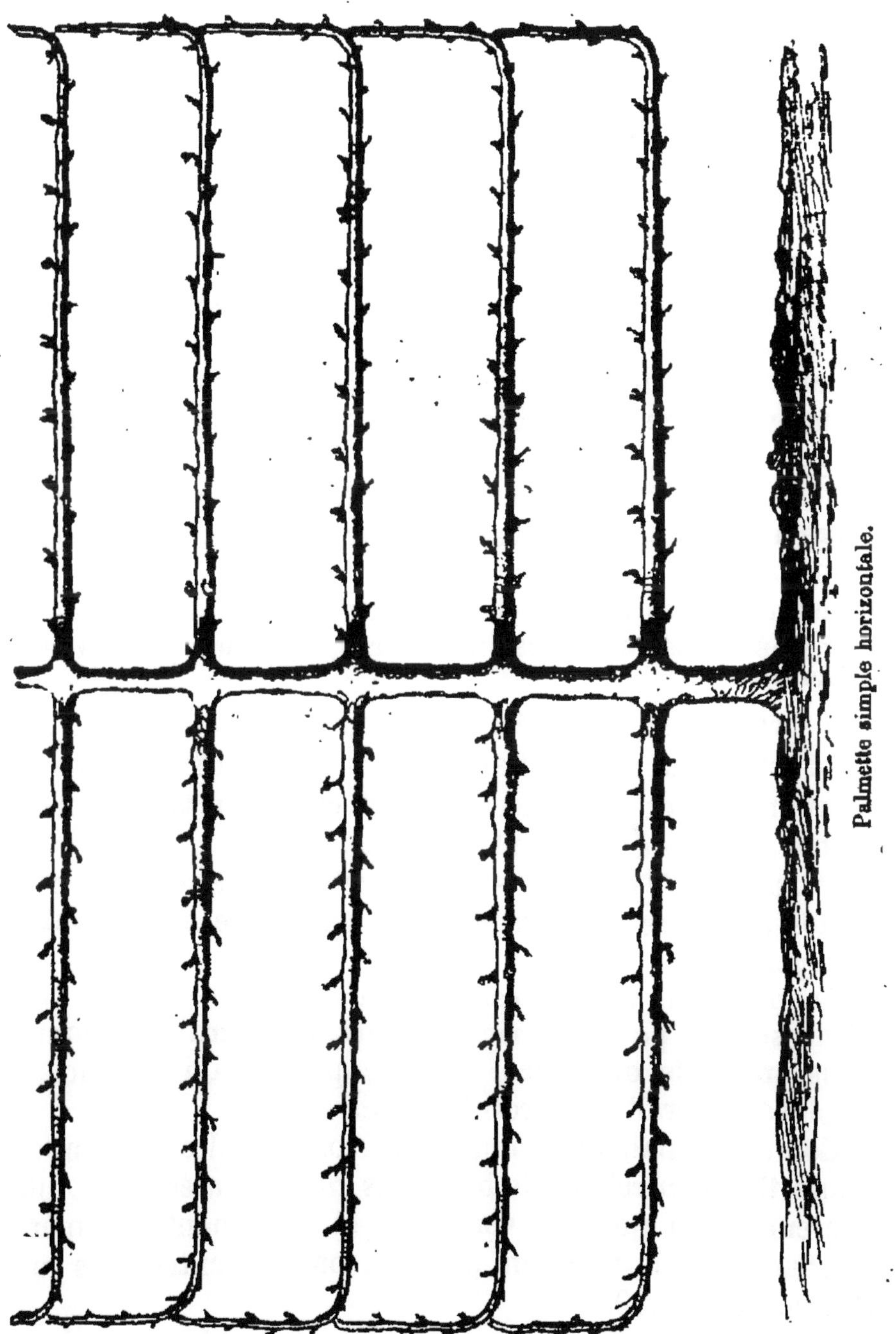

Palmette simple horizontale.

bourgeons, dont l'un, le mieux placé à cet effet, continuera la tige ; on le palissera verticalement, afin de favoriser son développement. Les deux autres seront dirigés plus horizontalement, mais maintenus assez droits pour que la sève ne rencontre pas d'obstacle à son ascension; si cela est nécessaire, on équilibrera la sève, entre eux, au moyen des inclinaisons.

Lorsque les deux bourgeons de côté auront atteint une longueur de 0m,30, on rabattra par une taille en vert le bourgeon vertical destiné à former la tige, à 0m,30. Parmi les bourgeons qui se développent au sommet, on en prendra un qui continuera la tige, et les deux autres seront conduits de façon à former le premier étage.

Lorsque viendra le moment de la taille en sec, on prendra un nouvel étage, si les branches du second ont atteint une longueur de 0m,30.

Il est important, en effet, que les branches de chaque étage n'aient que 0m,30 d'avance sur les branches de l'étage immédiatement supérieur; et cela, afin que l'équilibre soit maintenu. Dans la palmette Verrier, à cause du long développement des branches inférieures, l'avance pourra être de 0m,60.

Il sera facile, en général, d'obtenir deux étages par an; cette forme qui convient aux arbres vigoureux a ordinairement une étendue de cinq à six mètres; on en voit même de 15 mètres dans d'excellents terrains.

Palmette Verrier. — Pour cette forme, comme pour toutes les autres, il sera utile de construire avant tout la charpente.

La palmette Verrier est des plus gracieuses; elle convient, surtout pour couvrir des murs d'une grande étendue; dans un jardin ordinaire, elle occuperait trop d'espace, et la place resterait vide trop longtemps.

Comme la palmette simple horizontale, elle se compose d'une tige centrale et de branches horizontales qui toutes reprennent la position verticale, et atteignent la même hauteur, sur le mur, en gardant partout entre elles une distance de 0m,30.

Lorsque l'arbre est bien enraciné, au printemps de la seconde année, on le recèpe, et on choisit trois bourgeons, dont l'un est destiné à former le tronc, et les deux autres,

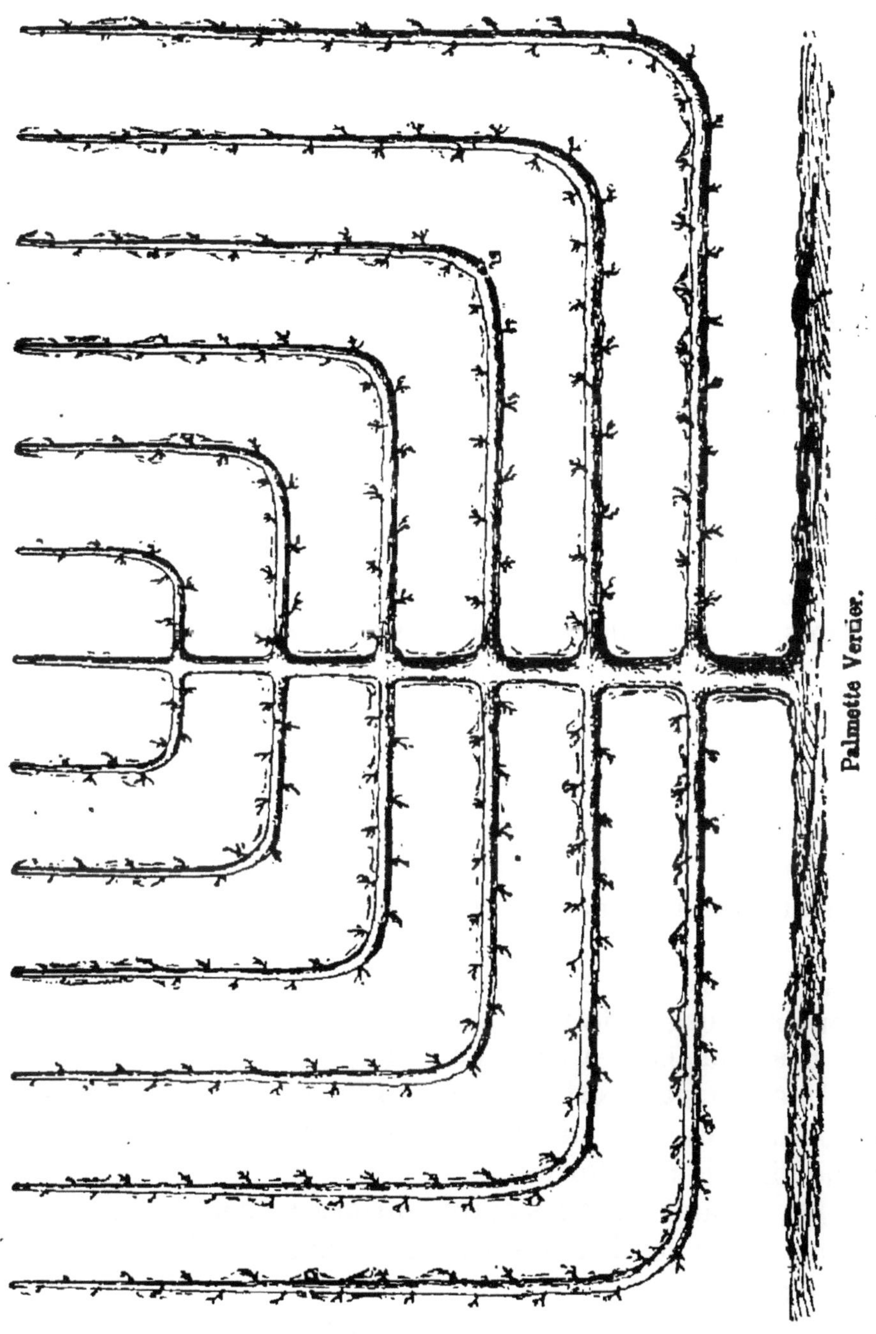

Palmette Verrier.

de chaque côté, le premier étage. Ces deux derniers bourgeons sont palissés presque verticalement afin de faciliter leur développement; et on maintient entre eux l'équilibre au moyen des inclinaisons. Si le bourgeon vertical s'emportait, on le maintiendrait par des pincements successifs.

Si, vers le milieu de l'été, les bourgeons destinés à former les branches latérales ont atteint $0^m,60$, on les palissera horizontalement, de chaque côté, et on verra à obtenir le second étage. Pour cela, on rabattra le bourgeon vertical à $0^m,30$, par une taille en vert; on laissera ensuite pousser trois bourgeons, un pour continuer la tige, et deux autres qu'on dirigera comme on a dirigé ceux de l'étage précédent, en vue de former le deuxième étage.

Mais si les branches du premier étage n'avaient pas 60 cent., on se contenterait de pincer le bourgeon vertical, afin de refouler la sève dans les branches horizontales. On remettrait au printemps suivant la formation du second étage.

Les deux premiers étages obtenus, on continue les suivants, en procédant de la même manière. Mais, dans tous les cas, il est indispensable, afin de maintenir l'équilibre, de ne commencer un nouvel étage que lorsque celui qui le précède a atteint une longueur d'au moins soixante centimètres.

Vase. — C'est une forme jolie, très fertile, qui convient aux arbres à fruits à pépins, et parfaitement aux espèces à noyaux. Mais, une des conditions nécessaires pour que le vase donne des fruits et de très beaux fruits, c'est qu'il ait un diamètre égal à la hauteur, afin que la lumière puisse pénétrer jusqu'à la base à l'intérieur, et que le diamètre de la base soit égal à celui du sommet.

Une charpente est nécessaire. Elle se compose de deux ou trois cercles et de montants destinés à assurer aux branches une direction uniforme.

Là, comme dans les autres formes en général, il devra y avoir entre les branches un écartement de 30 à 35 centimètres.

Il y a des vases à cinq branches, à douze branches, à vingt branches. La largeur devant être égale à la hauteur, fin que tout l'intérieur puisse recevoir la lumière et le soleil, nous préférons les vases à douze et même à vingt branches.

Vase à cinq branches. — Le vase à cinq branches

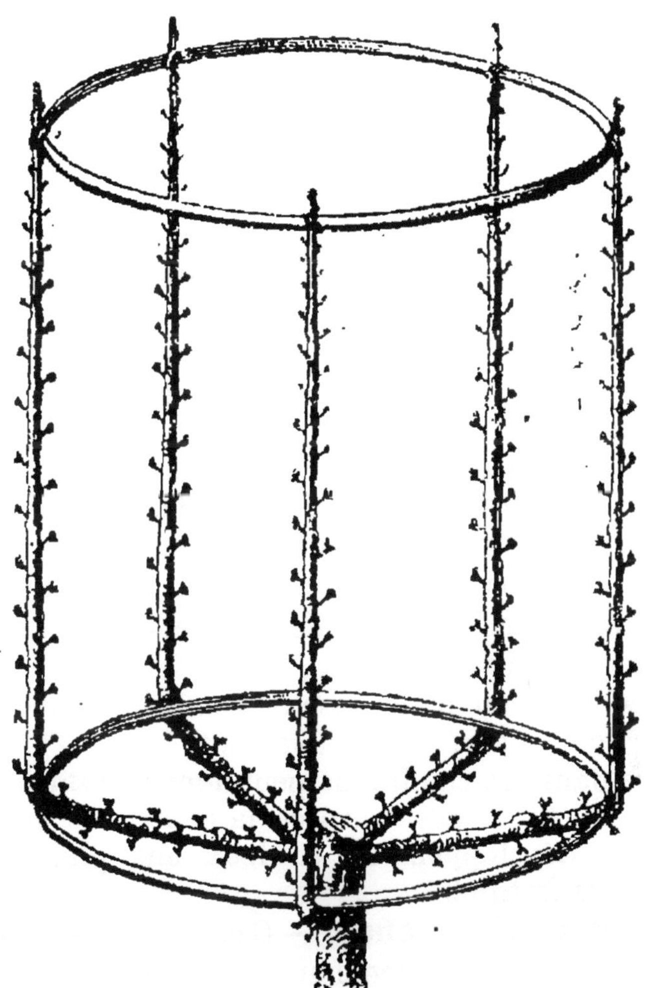

Vase à cinq branches.

ne convient que pour les plates-bandes de cinquante centimètres de largeur.

On plante une greffe d'un an, qu'on rabat à la moitié ou aux deux tiers de sa longueur, suivant la vigueur. On recépe l'année suivante, à quarante centimètres. Lorsque les bourgeons se sont bien développés, après le recépage, on choisira cinq bourgeons sur la tige, à une hauteur de $0^m,30$ au-dessus du sol. On les laissera pousser, en les attachant à des tuteurs, pour faciliter leur développement, et, vers le mois de juin, alors qu'ils sont encore tendres, on les abaissera et on les palissera sur des baguettes fixées par une de leurs extrémités sur la tige de l'arbre, et par l'autre sur le cercle le plus bas. Pour les vases de $0^m,50$ dont nous nous occupons en ce moment, il suffira que les bourgeons aient une longueur de $0^m,25$ pour qu'ils atteignent le cercle. Alors, on les palissera et on leur fera prendre la position verticale. Les montants du cercle, s'ils sont au nombre de cinq, serviront de tuteurs aux branches : s'il n'y avait que trois montants, on attacherait aux cercles deux lattes.

Il sera nécessaire de veiller à ce que les branches se développent simultanément; si l'une était plus faible que l'autre, on rétablirait l'équilibre.

A la taille, on rabattra les branches à $0^m,30$, c'est-à-dire à $0^m,15$ au-dessus du cercle inférieur. Les années suivantes, on pourra allonger également de $0^m,30$ si l'on a soin d'opérer, vers le mois de juin, une taille en vert, afin de faire gonfler les yeux inférieurs et de les transformer en boutons à fruits.

Lorsque les branches du vase dépassent de $0^m,50$ le cercle supérieur, on les arrête définitivement.

Un vase dans ces conditions peut donner des fruits dès la troisième année de taille. Après la quatrième année, il a acquis son développement, et deux ans plus tard, son maximum de fertilité.

Vase à douze branches. — C'est la forme la plus commune. On forme la charpente au moyen de cercles de $1^m,20$ de diamètre, et supportés par des montants. Après le recépage, on choisit trois bourgeons destinés à former les branches charpentières ; ces trois bourgeons sont dirigés horizontalement au moyen de baguettes fixées, comme nous avons dit précédemment, d'une part sur la tige, de l'autre sur le cercle inférieur.

Au printemps suivant, on taille à $0^m,20$ pour obtenir une

bifurcation à chaque branche. On choisit les deux bourgeons les plus vigoureux à l'extrémité de chaque branche et on supprime tous les autres.

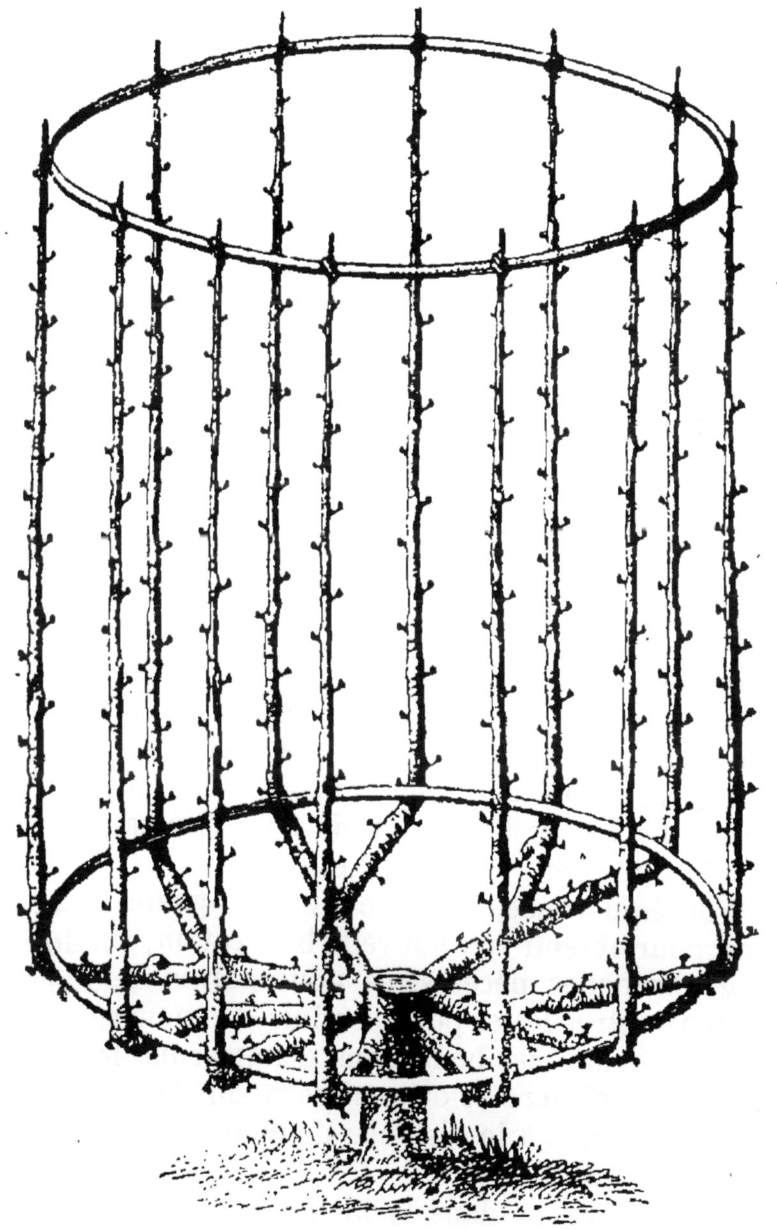

Vase à douze branches.

On a ainsi six bourgeons. On attache deux lattes à

chacune des trois premières branches et aboutissant au premier cercle de la charpente. Au fur et à mesure que les bourgeons s'allongent, on les palisse avec du jonc.

A la troisième année, on pratique une nouvelle taille, sur le bord du vase, et cette nouvelle bifurcation donne les douze branches que l'on conduit au moyen de lattes, d'un cercle à l'autre, en les palissant, au fur et à mesure de leur élongation.

Vase à vingt branches. — La hauteur sera de deux mètres, et le diamètre sera également de deux mètres, à la base comme au sommet.

Après le recépage, on choisira cinq bourgeons, de vigueur égale, et placés, autant que possible, à une égale distance sur le périmètre de l'arbre. On attache cinq lattes, d'une part à la tige de l'arbre, de l'autre sur le cercle inférieur, et on palisse dessus les bourgeons, au fur et à mesure de leur élongation, mais en laissant toujours libre leur extrémité, afin de favoriser leur développement

Au printemps suivant, on taille à 40 centimètres environ du tronc, afin d'obtenir la bifurcation. On choisit les deux bourgeons les plus vigoureux à l'extrémité de chacune des branches, et on supprime les autres. On attache deux lattes à chacune des cinq premières branches, à partir de la bifurcation, et aboutissant au premier cercle de la charpente. On palisse avec du jonc les nouveaux bourgeons sur ces lattes, au fur et à mesure de leur élongation. Nous avons, dès à présent, dix branches.

A la troisième année, on taille à une longueur de 20 centimètres, pour obtenir une nouvelle bifurcation, qui donnera les vingt branches nécessaires pour garnir le vase. On posera deux autres lattes pour conduire les nouveaux bourgeons; et, lorsque ces bourgeons dépasseront le premier cercle, on les relèvera et on palissera sur les vingt lattes qu'on aura espacées à la distance de cinquante centimètres tout autour du vase.

Le point important dans la formation des vases est de bien établir le dessous. On ne manquera pas de détruire, à mesure qu'ils se produiront, les bourgeons qui naîtront sur le dessus des branches du fond, et qui absorberaient la sève destinée à la branche. Les branches du dessous ne doivent porter que la bifurcation ; ce n'est qu'à partir du cercle qu'on conservera les rameaux à fruits.

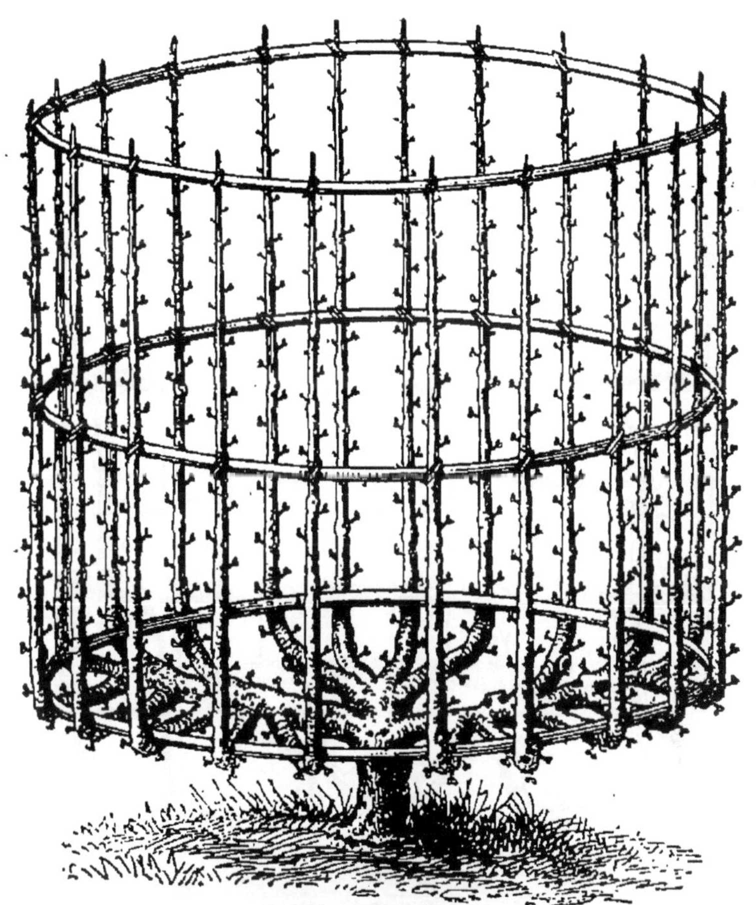

Vase à vingt branches.

Lorsque les arbres sont vigoureux, surtout quand on fait des vases avec des arbres à fruits à noyaux, il est souvent possible d'opérer une taille en vert, comme nous avons dit en parlant de la formation des vases à cinq branches : alors, on gagne une année.

Vase sur trois branches. — Cette forme, qui exige des arbres vigoureux, est facile à établir et elle est assez fertile.

L'année après la plantation, on recèpe, et on couche les trois bourgeons conservés horizontalement sur le premier cercle, à 40 centimètres du sol. On laisse pousser ces branches ou leurs prolongements jusqu'à ce qu'elles se rejoignent, et alors on les greffe par approche. On laisse pousser sur ces branches des bourgeons de cinquante centimètres

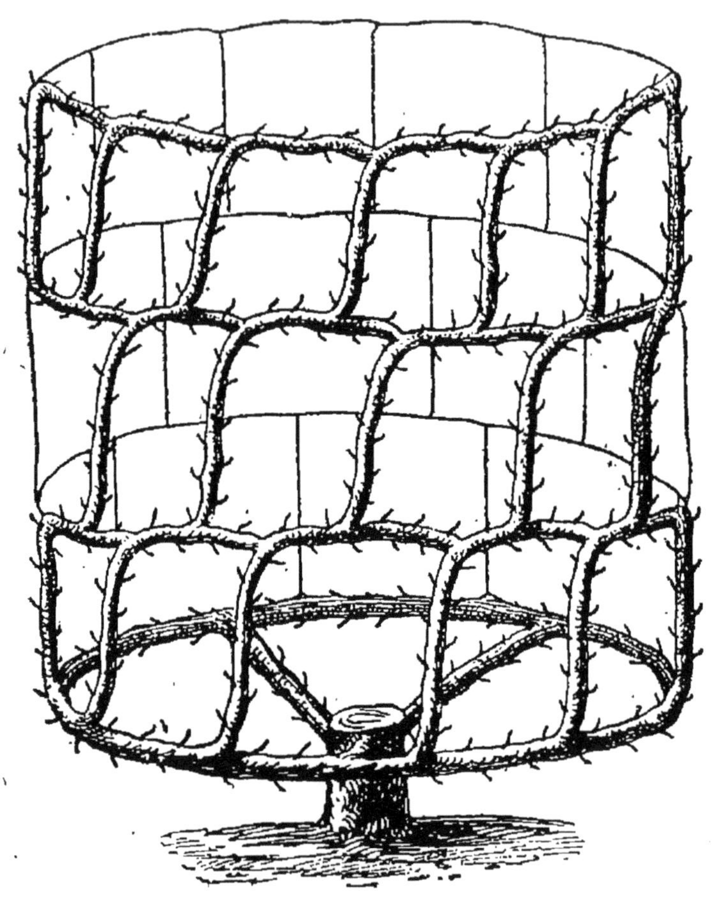

Vase sur trois branches.

en cinquante centimètres. Lorsque ces bourgeons ont acquis une certaine longueur, on les couche à une hauteur de cinquante centimètres de leur base, horizontalement, de façon à former un second étage de cercle, et on les greffe, comme on a fait pour le premier cercle, par approche. On continue ainsi jusqu'à ce qu'on ait atteint quatre ou cinq étages.

Plantations rapprochées. — L'auteur de ces plantations est le savant professeur d'arboriculture M. du Breuil. Elles ont un grand avantage, celui de donner des fruits dès la seconde année de la plantation, et de couvrir très vite un mur. Mais on conçoit que des variétés très vigoureuses ne puissent vivre sous une forme aussi restreinte; aussi devra-t-on choisir de préférence, pour ces sortes de plantations, des variétés faibles ou de vigueur moyenne. Et encore, il est rare que, même dans ces conditions, il ne se produise pas des vides au bout d'un certain nombre d'années. Mais, nous le répétons, les cordons obliques et verticaux fructifient très vite et donnent de très beaux fruits.

Lorsque les arbres languissent et commencent à dépérir, on a une ressource : c'est de les recéper à 39 centimètres du sol et de former des candélabres. Mais pour cela, on est obligé de ne conserver qu'un arbre sur trois, c'est-à-dire, de faire disparaître ceux qui se trouvent immédiatement à droite et à gauche de celui que l'on conserve. Ce sera une perte des deux tiers des arbres de la plantation.

Cordons obliques. — Les arbres soumis à cette forme devront pouvoir atteindre de 2m,50 à 3 mètres d'élévation. On plante à 45 centimètres de distance; les arbres seront plantés inclinés, jamais droits. L'inclinaison sera de 60 degrés environ, dès la plantation, et elle restera telle.

Il arrive souvent qu'on plante les cordons obliques à une distance de 30 ou 35 centimètres, et qu'on les incline sur un angle de 45 degrés; mais, à notre avis, cette façon de procéder présente de sérieux inconvénients. D'abord, les racines, trop rapprochées, s'enchevêtrent; celles des arbres forts prennent la place de celles des arbres faibles ou de vigueur moyenne. Même en plantant à 45 centimètres, on n'échappera pas à ce danger; seulement, il sera moindre.

Ensuite, si l'on donne aux arbres une inclinaison de 45 degrés, le dessus est infailliblement envahi par des gourmands qu'on a beaucoup de peine à maîtriser, et qui sont un obstacle à la fructification.

Quelquefois, encore, on incline, à la plantation, les

obliques à 60 degrés, pour, à la troisième année, les abais-

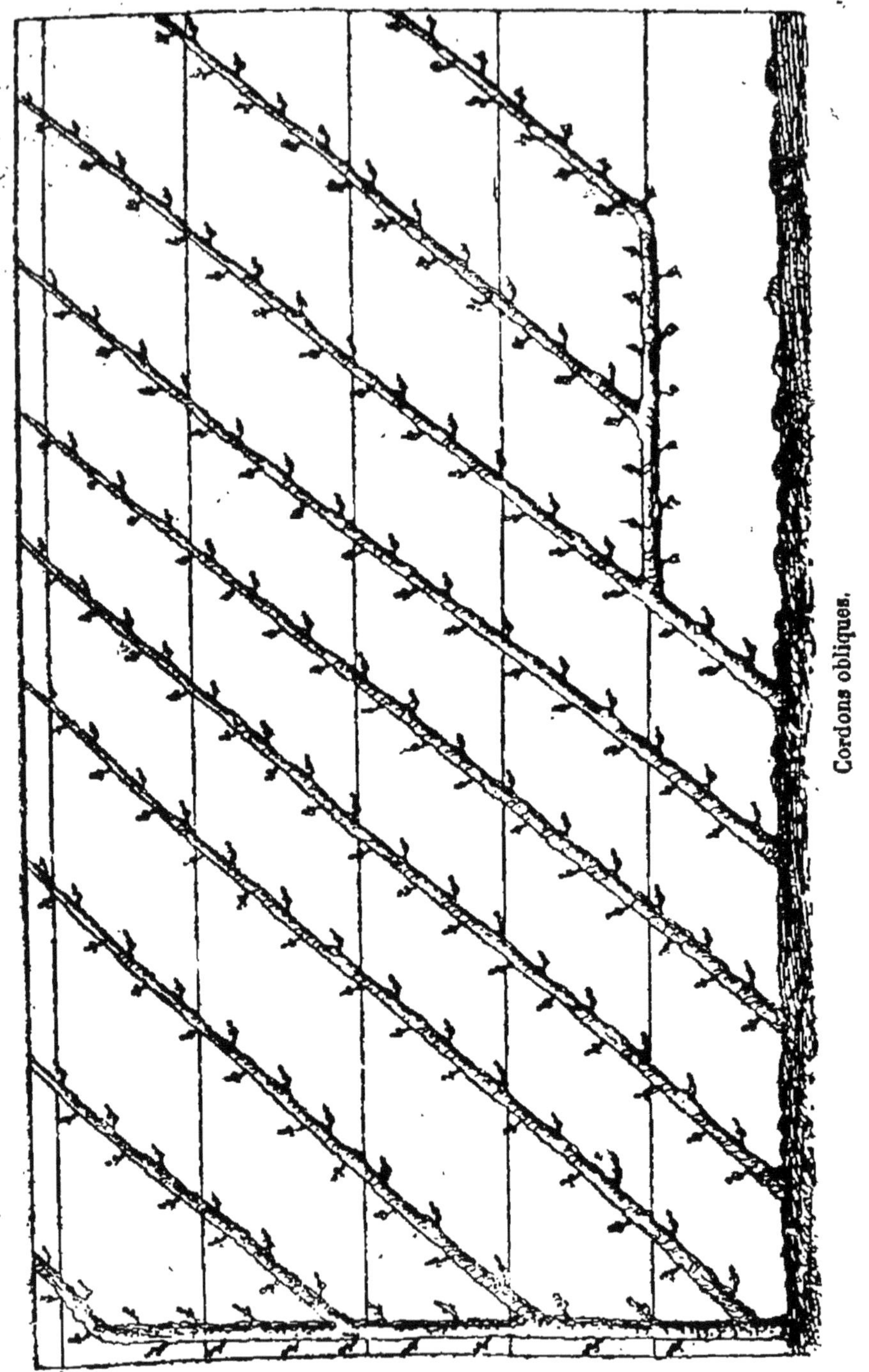

Cordons obliques.

ser à 45. C'est la méthode conseillée par M. Dubreuil ; mais il peut arriver que l'arbre, après cette courbure tardive, émette encore de nombreux gourmands.

Si, au contraire, comme l'indique l'habile professeur M. Gressent, on plante sur l'angle de 60 degrés, et qu'on laisse l'arbre dans cette position, les rameaux du dessus et du dessous seront également éclairés; l'arbre sera fertile et la production abondante.

Cette forme, avons-nous dit, convient aux espèces de vigueur moyenne. Les espèces faibles périssent, et les vigoureuses, trop restreintes, ne se mettent pas à fruits. Dans ces conditions, le poirier réussit en cordons obliques; mais l'abricotier, le prunier et le cerisier, qui poussent vigoureusement, sont très difficiles à maintenir. Les amputations qu'on est obligé de leur faire subir occasionnent des maladies qui ne tardent pas à les faire périr.

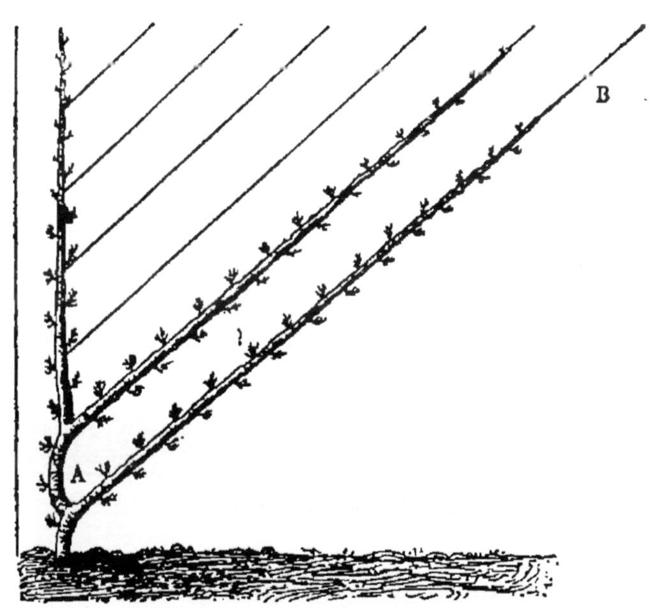

Commencement du cordon oblique.

Nous en dirons autant du pêcher, quoique nous ayons vu des pêches superbes sur des cordons obliques; mais les arbres, mutilés, couverts de gomme, n'avaient qu'une courte existence.

Afin d'éviter les lacunes, le premier et le dernier

arbre d'un cordon oblique auront une forme particulière.

Ainsi, pour l'arbre qui commence la plantation, on opérera ainsi : lorsque, la seconde année, cet arbre a fourni un bon prolongement, on laissera pousser à 30 centimètres du sol un bourgeon. On laisse pousser ce bourgeon, et, lorsqu'il a acquis une longueur de 30 à 40 centimètres, on le courbe et on le palisse sur la ligne *AB*. Par le fait de la courbure, il se développera un ou plusieurs bourgeons sur le coude *A*. On choisira un de ces bourgeons, qu'on conduira comme le précédent, et on supprimera tous les autres. On continuera ainsi jusqu'à la complète formation de l'arbre.

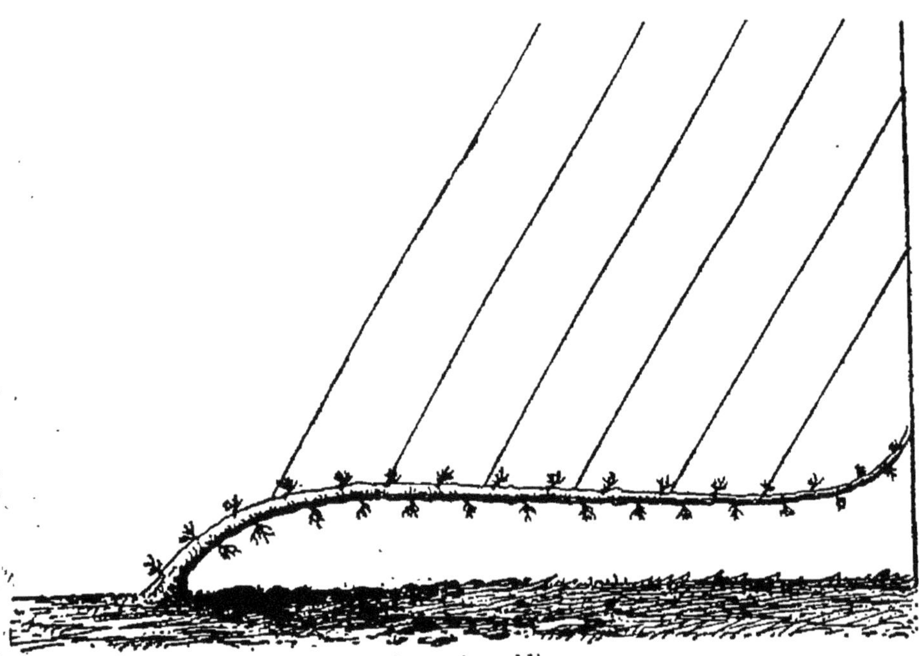

Fin du cordon oblique.

Pour la terminaison des obliques, on procédera autrement. L'année qui suivra la plantation, le dernier arbre sera couché, à une hauteur de 40 centimètres du sol, comme pour les cordons. De distance en distance on fixera des lattes partant de cet arbre, et allant aboutir sur une autre latte s'élevant perpendiculairement du pied de l'arbre. Pendant l'été on laissera pousser sur le dessus de l'arbre autant de bourgeons qu'il y aura de lattes à couvrir. On palissera ces bourgeons au fur et à mesure de leur élongation, mais en laissant toujours libre une longueur de 15 à 20 centimètres à l'extrémité, en vue de favoriser leur développement. (Voir les *Observations* ci-dessous.)

Cordons verticaux. — Le plus simple des espaliers. Cette forme convient particulièrement pour un mur, un pignon, offrant un grand espace à couvrir. On plante à 40 centimètres, afin que les rameaux aient un espace suffisant et soient bien éclairés. Au fur et à mesure de leur élongation, les bourgeons seront palissés sur les lattes, afin qu'ils soient maintenus bien droits, mais toujours en laissant libre, à l'extrémité, une longueur de 15 à 20 centimètres afin de favoriser leur accroissement. La tige pourra être allongée de 50 centimètres par an, suivant sa vigueur. On pratique pendant l'été une taille en vert, destinée à faire gonfler les yeux inférieurs. On attend, pour cela, que le bourgeon ait atteint un développement de 35 centimètres et on le rabat à 25. On peut planter en cordons verticaux des poiriers et des cerisiers de variétés vigoureuses, à raison de la hauteur considérable qu'il leur sera donné d'atteindre.

Observations. — Avant de procéder à la plantation des cordons, soit obliques, soit verticaux, on classera les variétés par ordre de vigueur, afin que les fortes n'absorbent pas les faibles. Pour les cordons obliques, on placera les variétés les plus vigoureuses à chaque extrémité, et, ensuite, progressivement, les moins vigoureuses, de façon que les plus faibles se trouvent au centre.

Pour les cordons verticaux, on suivra un ordre inverse. Les cordons les plus élevés se trouvant au centre, on réservera cette place pour les variétés les plus vigoureuses, et on mettra par gradation de vigueur les autres variétés, en allant du centre aux extrémités.

Lorsque les cordons soit obliques, soit verticaux, ont atteint la hauteur qui leur est assignée, on les arrête. On taille le prolongement, de façon à ménager un nouveau prolongement, nécessaire à la circulation de la sève.

Pendant le cours de l'été, on pince ce prolongement autant de fois qu'il est nécessaire ; puis, chaque année, on taille, tantôt à 10 tantôt à 15, à 20 centimètres, de façon à toujours entretenir ce prolongement.

Si l'on plante en cordons obliques ou verticaux des va-

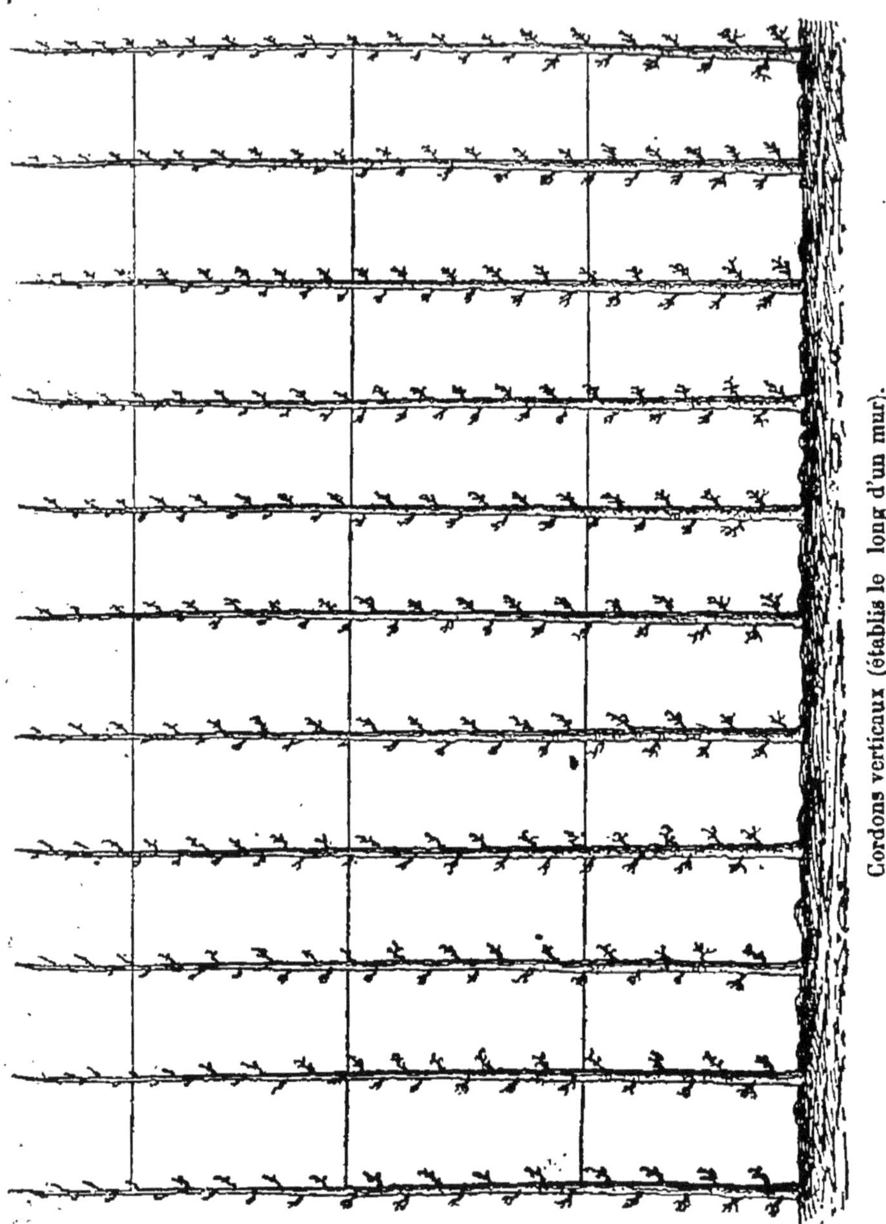

Cordons verticaux (établis le long d'un mur).

riétés pourvues de rameaux à la base, comme cela a lieu avec les Joséphine de Malines, Beurré d'Arenberg, Bergamotte Esperen, on opère sur ces rameaux un cassement, dans les conditions que nous déterminerons en nous occupant de la taille, afin de mettre ces rameaux à fruits.

Il y a toujours trop de boutons à fruits sur les arbres nouvellement plantés. Si l'on veut ne pas arrêter l'arbre dans son développement, on supprimera ces fruits, aussitôt

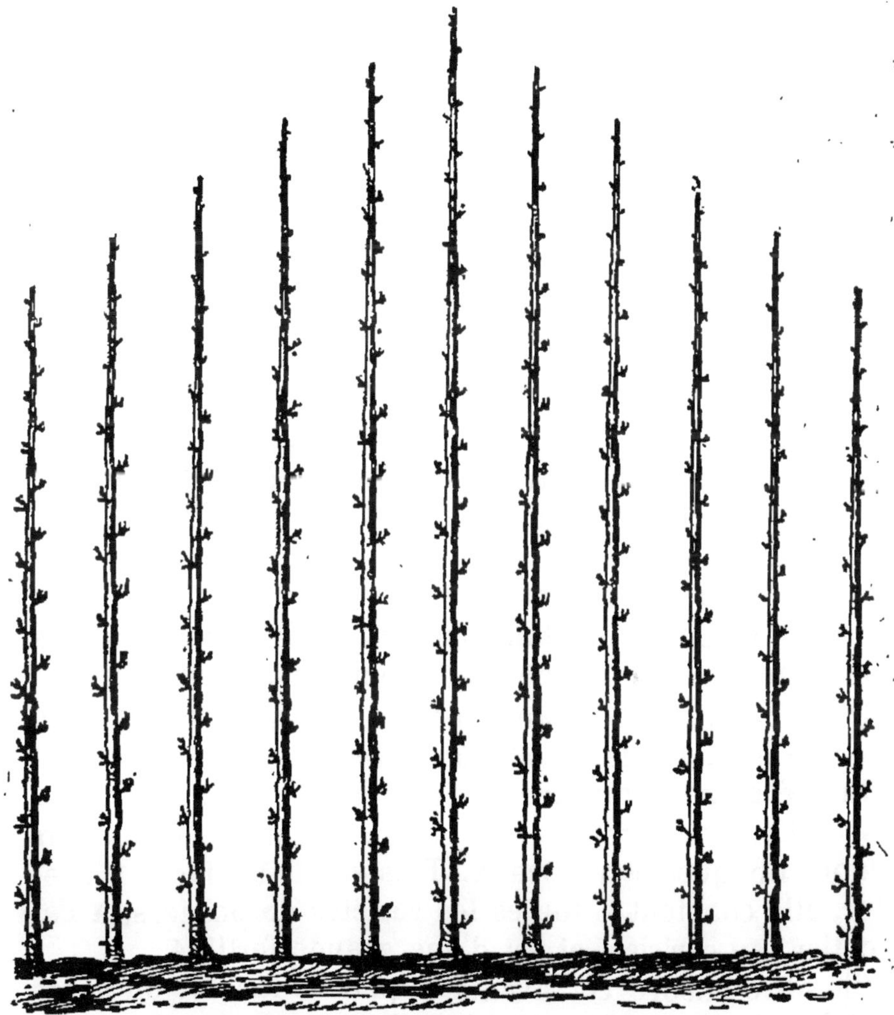

Cordons verticaux (établis contre le pignon d'une maison).

qu'ils seront formés. En laisser deux ou trois, la seconde année après la plantation, c'est assez.

Palmette en U. — Cette forme est très facile à conduire. On plante à 60 centimètres et on rabat, la seconde année de la plantation, à 40 centimètres au dessus du sol, à la hauteur de 30 centimètres; on choisit deux bourgeons opposés que l'on conduit de façon à leur faire prendre la forme de l'U. Il n'y aura aucune difficulté, si l'on a soin de dessiner d'avance la charpente. L'écartement entre les deux branches sera de 30 centimètres.

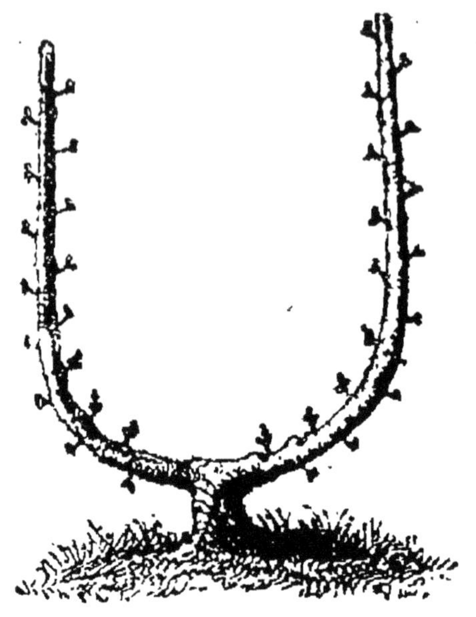
Palmette en U.

La disposition même des deux tiges facilitera entre elles l'équilibre ; s'il en était besoin, d'ailleurs, on aurait recours aux inclinaisons, et autres moyens que nous avons précédemment indiqués.

L'allongement de ces tiges pourra être, par an, d'environ 50 centimètres, suivant leur vigueur; mais ce sera à la condition qu'on n'oubliera pas d'opérer une taille en vert, à 25 centimètres lorsqu'elles auront une longueur au moins de 35 centimètres.

Cette forme convient aux variétés de vigueur moyenne, avec une hauteur de 2m,50 à 3 mètres.

Candélabre à quatre branches. — Cette forme gracieuse, d'aspect agréable, est certainement préférable aux cordons obliques et verticaux. Très vite faite, facile à exécuter, elle convient à toutes les variétés de poiriers, à l'abricotier, au cerisier, et est d'une grande fertilité.

Elle offre encore cet avantage qu'il ne faut qu'un arbre là où les cordons obliques ou verticaux en exigent quatre : c'est donc une économie d'un tiers.

On recèpe l'année qui suit celle de la plantation, à 40 centimètres du sol. On prend sur la tige deux bourgeons que l'on conduit l'un à droite, l'autre à gauche. A la taille en sec, on coupe ces branches un peu court, afin d'obtenir des prolongements vigoureux, et, vers le mois de juin, on met en place les nouveaux bourgeons, en les palissant bien verticalement (A).

L'important est d'assurer la végétation des deux branches extérieures ; à cet effet, on ne laisse pousser les deux branches intérieures que lorsque les autres ont atteint un certain développement.

Lorsque la variété est vigoureuse et même de vigueur moyenne, on peut gagner une année. Il arrive, en effet, dans ce cas, que, l'année même de la plantation, il pousse sur la tige deux bourgeons qu'on peut utiliser. On favorise le développement de ces deux bourgeons, en pinçant tous les autres, et on les dirige, ensuite, horizontalement. A la taille suivante, on recèpe la tige au-dessus de ces deux bourgeons, et l'on procède comme nous avons dit plus haut.

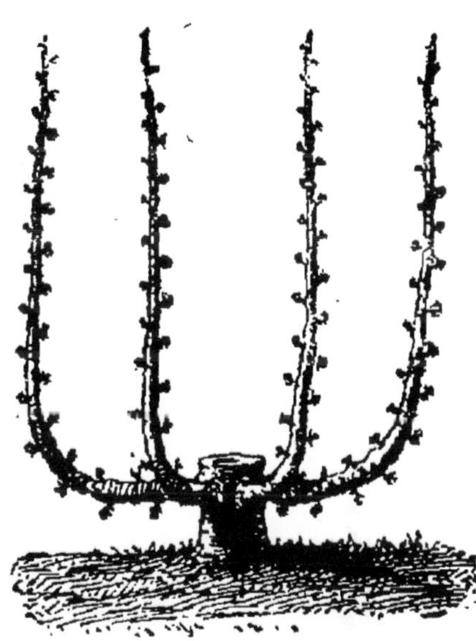

Candélabre à quatre branches (A).

La difficulté dans la formation du candélabre telle que nous venons de l'exposer se trouve dans les deux branches intérieures, qui prennent une position verticale, tandis que les branches extérieures suivent, à leur naissance, une ligne horizontale ; d'où il résulte que la sève, chez ces dernières, ayant un chemin plus long à parcourir, elles sont moins favorisées dans leur développement.

Pour éviter cet inconvénient, et obtenir un arbre mieux équilibré, on procède ainsi : on recèpe, la seconde année de la plantation, et on laisse développer deux bourgeons. On abaisse ces deux bourgeons, l'un à droite, l'autre à gauche, sur une ligne à peu près horizontale. Lorsqu'ils ont atteint une longueur de 30 centimètres, on relève leur extrémité pour leur faire prendre la position verticale. Puis, dès que, dans cette position, ils ont acquis une certaine longueur, on les palisse sur la latte intermédiaire de la charpente. On veillera à ce que, au point de l'arcure, il se trouve un œil en dessus, destiné à fournir une branche de l'U, et un autre en dessous pour l'autre branche (B).

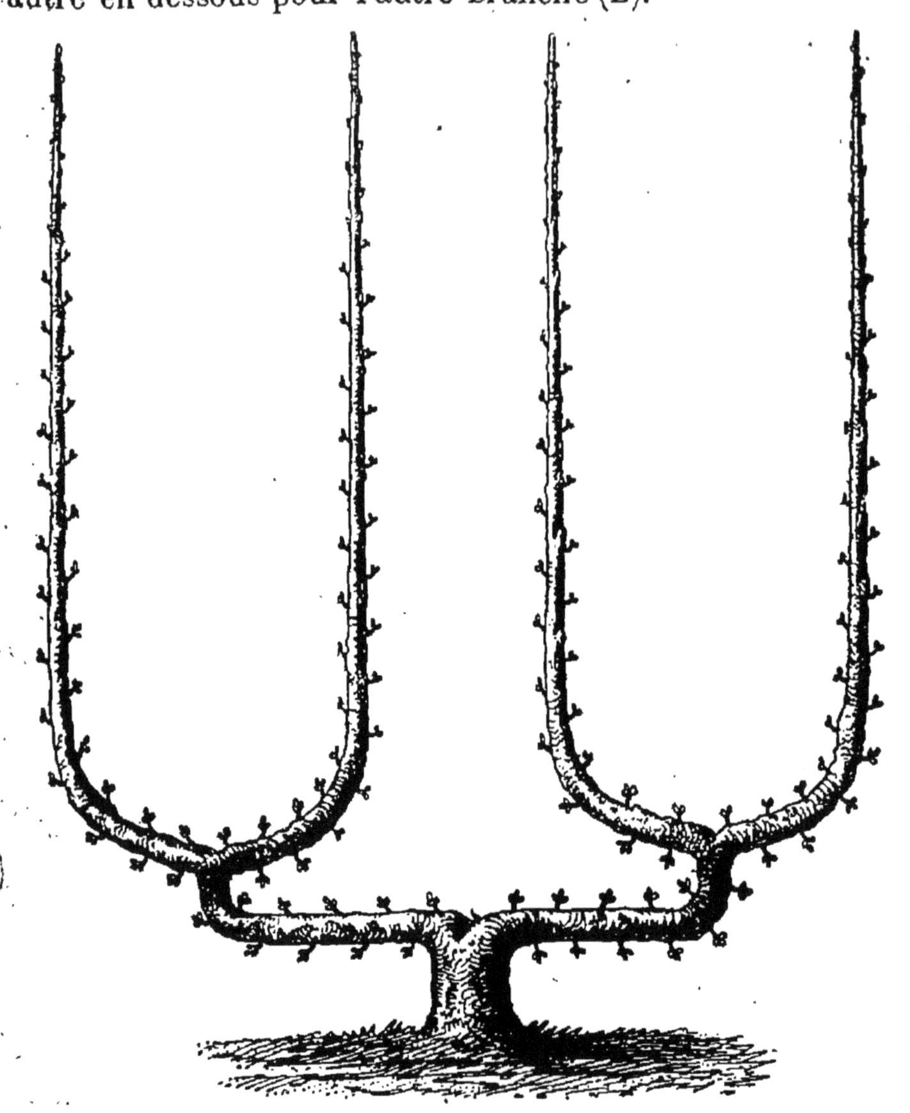

Candélabre à quatre branches (B).

Le bourgeon sera taillé à deux centimètres au-dessus; si le sujet est vigoureux, on aura, à la taille en sec, quatre branches qu'on pourra tailler à 25 ou 30 centimètres au-dessus de la naissance de l'U.

On pourrait encore, au lieu de relever l'extrémité des bourgeons à la longueur de 30 centimètres, comme nous avons dit, les couper à cette distance au printemps suivant, c'est-à-dire à la taille en sec. On laisserait se développer à l'extré-

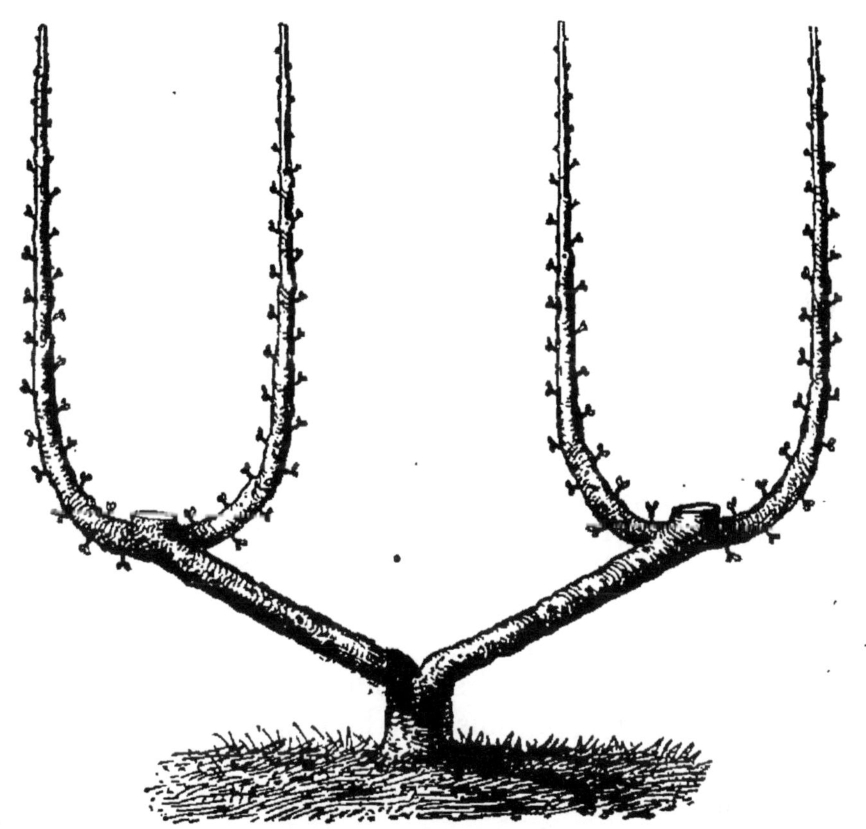

Candélabre à quatre branches (C).

mité de la partie taillée deux bourgeons, d'égale vigueur, et l'on formerait d'un seul coup les quatre branches (C).

Palmette à branches courbées. — Cette forme convient aux arbres fertiles; elle a l'avantage de ne demander presque pas d'amputations, d'être facile à conduire et de donner des fruits dès la troisième année.

On plante à la distance de cinq à six mètres, selon la hauteur des murs; cinq mètres pour les murs de deux à trois mètres, et six mètres pour les murs ayant moins de deux mètres.

Le plus souvent, on plantera des arbres d'un an de greffe; on supprimera, à la plantation, la moitié ou les deux tiers de la tige, suivant l'état des racines, et on recépera, l'année suivante, à 30 centimètres de hauteur du sol. En même temps qu'on pratiquera le recépage, il sera nécessaire de dessiner sur le mur, avec des lattes, la forme de l'arbre.

On laissera pousser sur la tige deux bourgeons que l'on choisira de chaque côté, d'une vigueur égale, et on supprimera tous les autres. On palissera ces bourgeons sur une ligne presque verticale, afin de favoriser leur développement; puis, vers la fin de l'été, pendant qu'ils sont encore tendres, on les abaissera et on les couchera sur les lattes formant le premier étage. Cette ligne ne sera pas absolument horizontale; on lui donnera une inclinaison de cinq degrés environ, afin de favoriser l'ascension de la sève.

Par suite de cette position horizontale de la branche, les yeux se développeront sur toute son étendue, de sorte qu'à la taille on pourrait n'en rien retrancher. Cependant, on coupera, à la taille en sec, sur un œil bien formé, à un ou deux centimètres de l'extrémité; ce sera le moyen d'obtenir un prolongement vigoureux.

Au printemps suivant, il se produira sur les branches que nous venons de former plusieurs bourgeons : on en choisira un de chaque côté, sur les courbures, et on favorisera leur développement, comme on a fait pour ceux des deux premières branches; puis, vers la fin de l'été, on les abaissera sur la ligne formant le second étage.

On procédera de même l'année suivante. Lorsqu'on aura ainsi obtenu trois étages, l'arbre, qui n'aura subi, pour ainsi dire, aucune amputation, sera vigoureux, et les deux premières branches seront à fruits. Il sera alors possible de former, en une année, deux et quelquefois trois étages. Voici comment : le bourgeon qui se développe sur la courbure du troisième étage pousse avec vigueur; vers le mois de juin, on l'abaisse, sans le coucher complètement, sur la ligne qu'il doit occuper; et cette simple opération suffit pour faire naître à l'endroit de la courbe un autre bourgeon qu'on traite comme le précédent.

On devra avoir soin toujours, en palissant les bourgeons, de laisser libre leur extrémité ; et l'on maintiendra entre eux

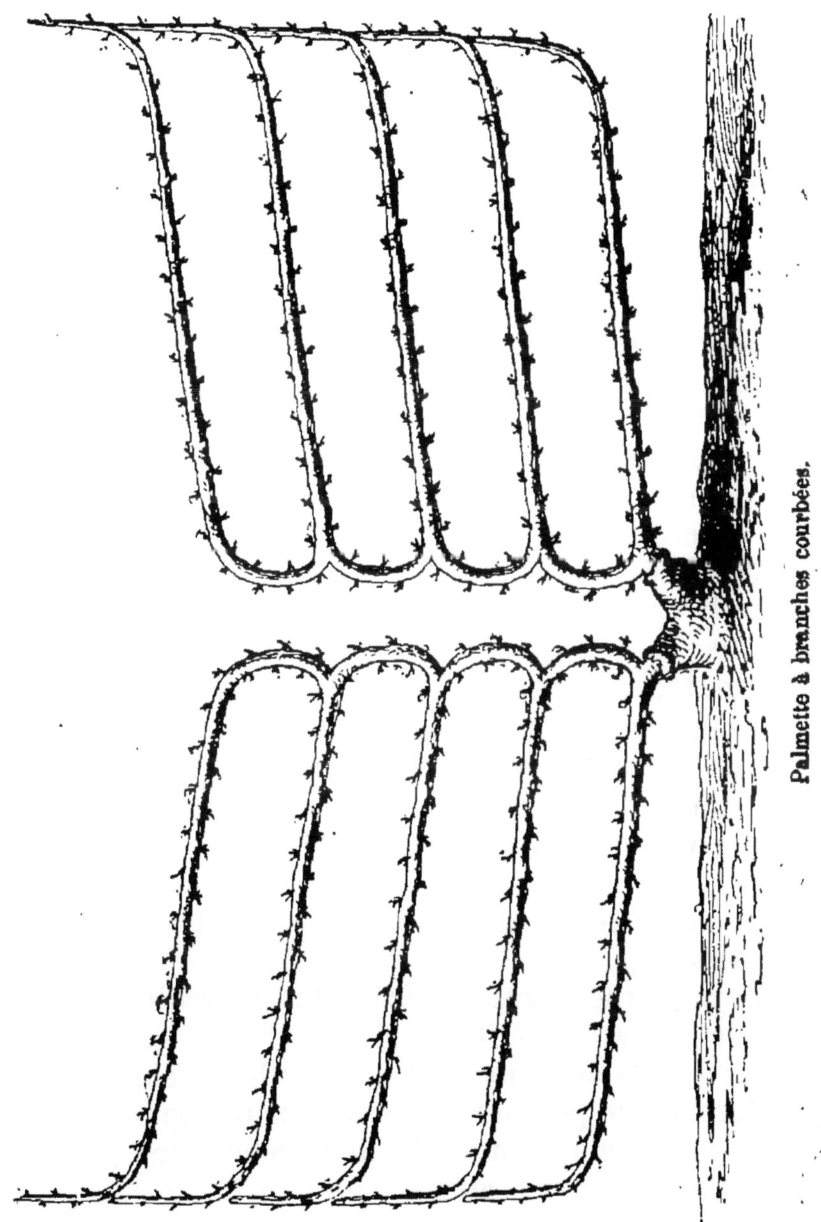

Palmette à branches courbées.

l'équilibre, si cela est nécessaire, au moyen des inclinaisons.

Au fur et à mesure que les branches d'un étage rejoignent celles de l'étage supérieur, on les greffe par approche, et on ne laisse en haut, et de chaque côté, qu'un tire-sève qui maintient l'ascension de la sève dans tout le corps de l'arbre.

On a ainsi, en quelques années, obtenu un arbre qui végète avec une régularité telle qu'un pincement, un seul cassement suffisent souvent, pendant le cours de la saison, pour assurer sa fructification. On a de plus la certitude qu'un tel arbre, qui n'a point été fatigué par des rognages et des amputations, donnera d'excellentes et abondantes productions, la sève circulant également dans toutes les parties.

Palmette à branches croisées. — Pour les variétés très vigoureuses, pour les poiriers peu fertiles, surtout pour les poiriers greffés sur franc, pour certaines variétés de cerisiers, et aussi de pruniers, on choisira, de préférence, la palmette à branches croisées. L'entre-croisement qu'on donne aux branches gêne l'ascension de la sève et cela suffit pour favoriser la fructification.

On procède absolument comme pour la palmette à branches courbées. La seule différence est qu'on couchera à gauche la branche née à droite, et à droite la branche née à gauche ; et toujours ainsi pour les différents étages.

Palmette Gressent. — M. le professeur Gressent a donné son nom à cette forme qui, bonne pour le pêcher et le cerisier, convient également aux poiriers vigoureux. Elle est, surtout, utile pour les murs peu élevés, lorsqu'on peut lui donner environ six mètres de développement.

Pour cette forme comme pour les autres, on commencera par dessiner l'arbre, sur le mur, avec des baguettes ou des lattes de sciage.

Comme pour les formes précédentes, on recèpe la seconde année de la plantation. On choisit deux bourgeons dont on favorise le développement et qu'ensuite on abaisse sur la ligne formant le premier étage. Au printemps suivant, on favorise le développement de deux bourgeons aux points de courbure et on les abaisse, vers la fin de l'été, l'un à droite, l'autre à gauche, et on continue de procéder ainsi, en relevant toujours l'extrémité des prolongements, et en les greffant par approche. Lorsqu'on a formé les quatre premiers étages extérieurs, on taille sur un œil à bois les rameaux intérieurs correspondants à chacun des étages,

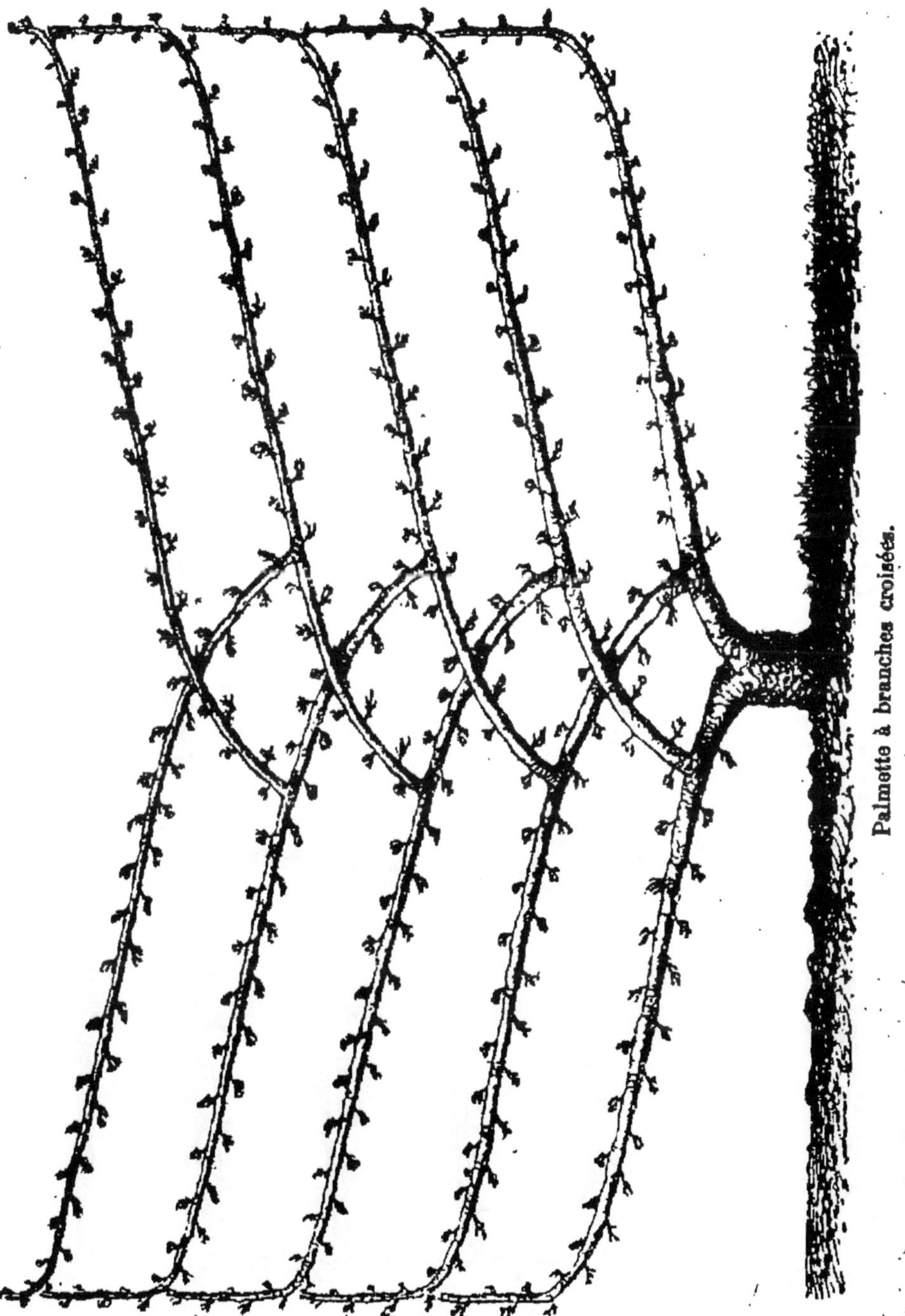

Palmette à branches croisées.

et l'on obtient ainsi quatre branches intérieures. L'année suivante, on forme les derniers étages.

Pour le pêcher, nous adopterons, outre la palmette à

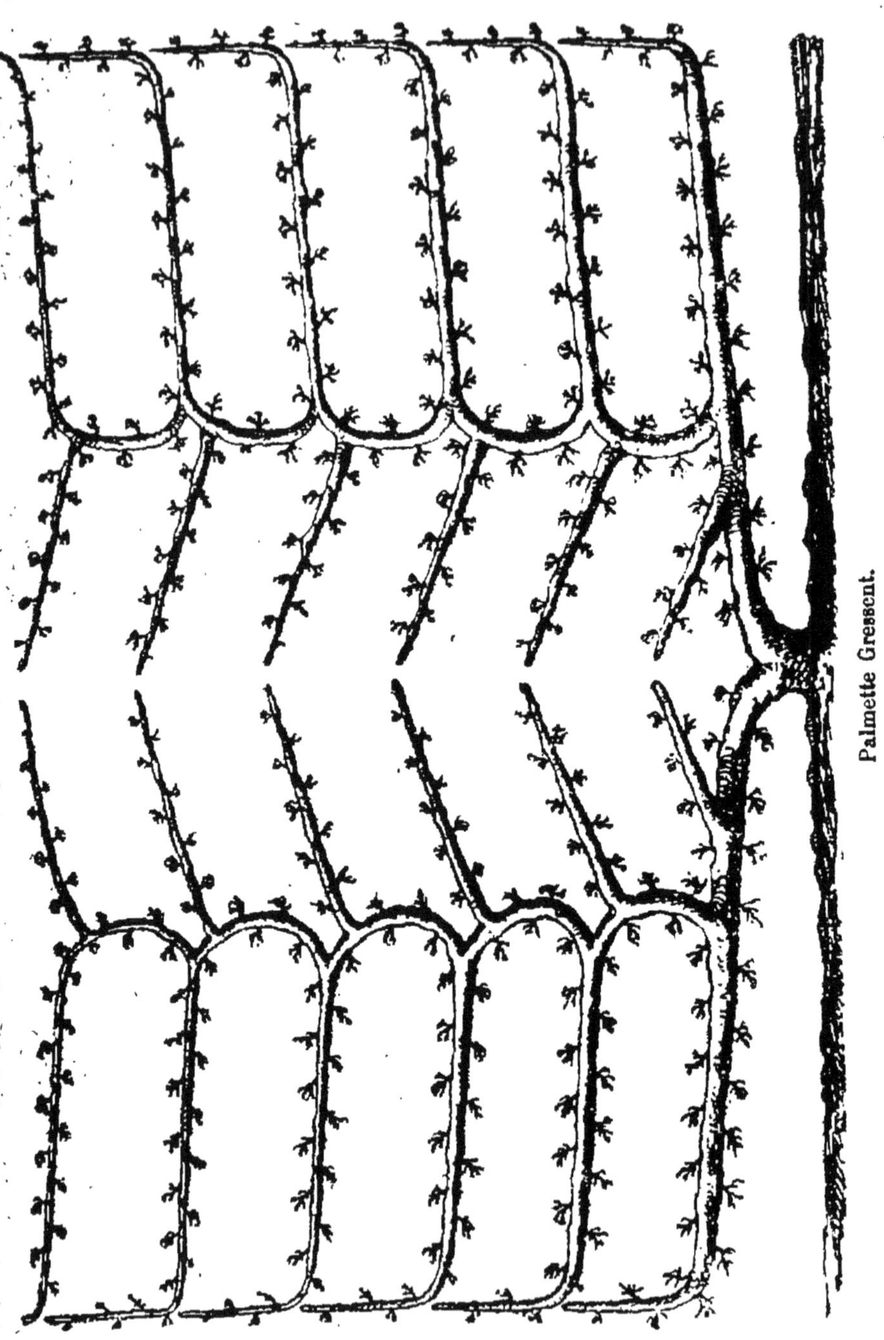
Palmette Gressent.

branches horizontales, l'*éventail modifié*, c'est-à-dire l'éventail de Montreuil, moins ses branches verticales, et le *candé-*

labre à branches obliques. Nous examinerons ces formes dans le chapitre traitant spécialement du pêcher.

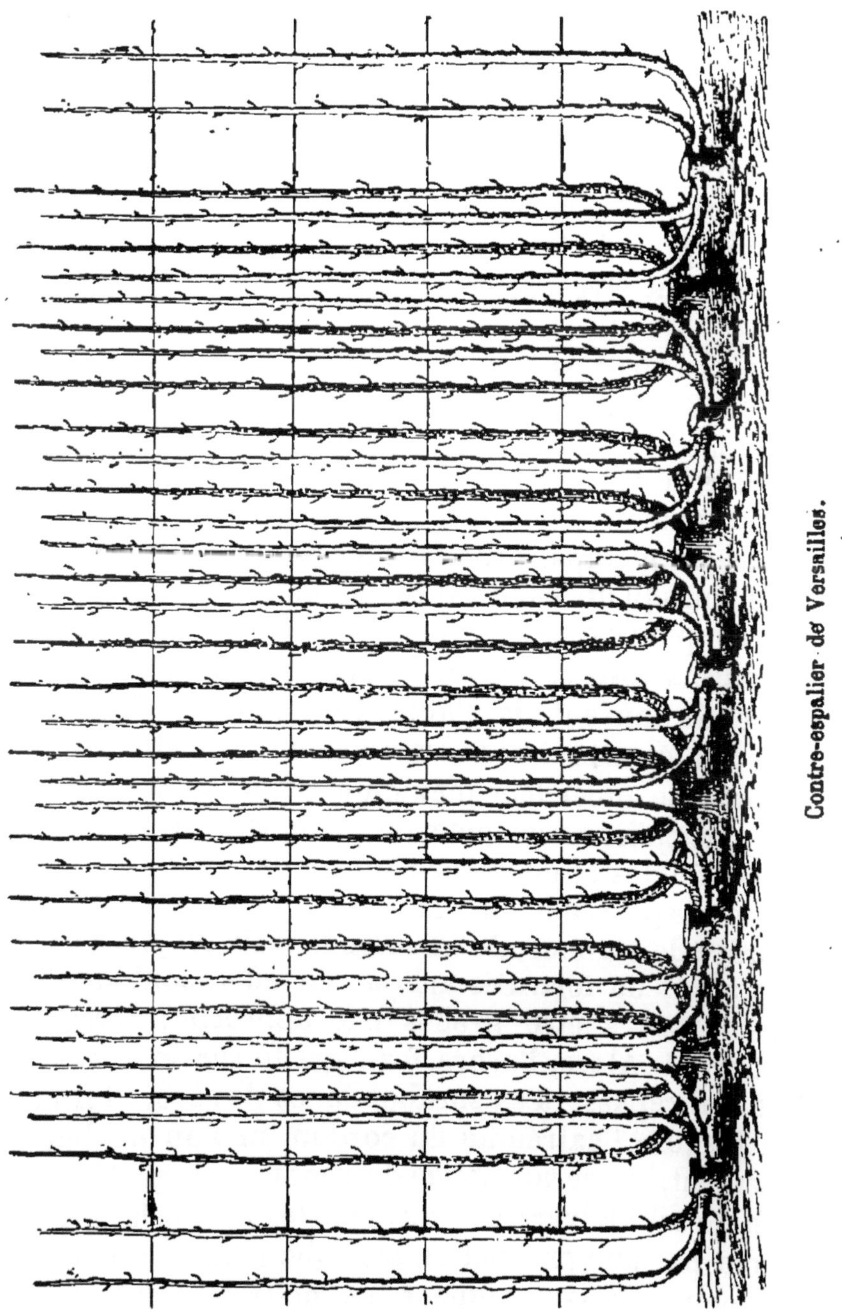

Contre-espalier de Versailles. — On plante à 1^m,40

de distance sur les lignes, et on laisse un écartement de 35 centimètres entre les branches. L'élévation des arbres est de 3 mètres, et les deux lignes, parallèles l'une à l'autre, sont séparées par un intervalle de soixante centimètres.

On peut planter pour former les contre-espaliers de Versailles soit des candélabres à quatre branches, soit des U doubles. Nous avons vu, toutefois, que les U doubles sont plus faciles à équilibrer, et pourquoi dans les candélabres à quatre branches, celles de l'intérieur ont souvent tendance à devenir plus fortes que celles de l'extérieur. Ces motifs rendent peut-être préférables les U doubles aux candélabres.

Le classement des arbres par ordre de vigueur pour les espaliers de Versailles n'est pas nécessaire comme pour les espaliers ou les cordons verticaux. Nous croyons donc que l'espalier de Versailles a condamné à disparaître l'espalier vertical, auquel il est préférable sous tous les rapports : il vit plus longtemps, produit davantage et est plus économique, puisqu'un candélabre ou un U double tiennent la place de quatre cordons verticaux.

Cordons unilatéraux. — Cette forme, qui produit dès la seconde année de la plantation, donne des fruits magnifiques; si les arbres sont bien conduits, ils atteindront dès la quatrième année leur maximum de production. Elle convient particulièrement pour les pommiers. et aussi pour les poiriers faibles et de vigueur moyenne.

Avant de procéder à la plantation, on dressera les variétés par ordre de vigueur, de manière à avoir toujours un arbre faible après un fort. Ces arbres, en effet, sont destinés le plus souvent à être greffés par approche, lorsqu'ils se rejoindront. Alors, l'arbre fort, greffé sur le suivant, plus faible, lui repassera sa surabondance de sève, et il en sera ainsi jusqu'à l'extrémité du cordon. Si l'on négligeait ce classement, on serait obligé de renoncer à greffer par approche; et il arriverait encore que les arbres faibles s'épuiseraient par une production trop abondante, tandis que les forts, poussant avec vigueur, se mettraient difficilement à fruits.

Après avoir opéré le classement, on procède à la plantation.

Pour les cordons à un rang, on plantera à deux mètres de distance, si le terrain est de bonne qualité ; à un mètre cinquante, si le sol est médiocre.

Afin d'obtenir des rameaux à fruits le plus vite possible, on taillera la tige, en retranchant seulement, suivant l'état des racines, le quart ou même le cinquième de sa longueur totale. L'important, c'est que les yeux se développent à partir d'une hauteur de 36 à 40 centimètres du sol. C'est, en effet, à cette hauteur qu'on aura à courber l'arbre, lorsque le moment sera venu.

Si l'arbre est pourvu de ramifications, on les soumettra au pincement, au cassement. On peut le faire sans inconvénient, si l'on songe que l'arbre aura à fournir une tige de deux mètres seulement.

Ensuite, on pourra chauler l'arbre; ce sera une excellente précaution, mais on se gardera bien de le coucher immédiatement. On l'attachera droit au fil de fer, et on le maintiendra ainsi pendant l'année suivante, jusqu'au mois d'octobre, ou jusqu'au mois d'avril de la seconde année. Toutes les parties de l'arbre seront ainsi exposées à la lumière, et tous ses yeux se développeront, tandis que si on l'avait couché aussitôt après la plantation, les yeux du dessous se seraient éteints, et ceux du dessus auraient produit des gourmands.

Or, si l'on veut que les arbres en cordons donnent des fruits, il est indispensable de supprimer les bourgeons qui naîtront sur le dessus et qui absorberaient la sève aux dépens des autres parties de l'arbre.

Il est entendu, d'ailleurs, que nous opérons sur des arbres d'un an de greffe.

Au mois d'octobre, alors qu'il reste assez de sève, ou au mois d'avril de la seconde année, alors que la sève est déjà montée, on couche les arbres, et l'opération n'offre aucune difficulté. On prend l'arbre par le bout, on lui fait décrire un cercle, et on l'attache sur le fil de fer avec un ou deux liens, suivant sa longueur. Toujours, on laissera libre l'extrémité, afin de favoriser le développement du prolongement.

La hauteur à laquelle devront être couchés les arbres est de 40 centimètres; ce n'est pas trop, et cette hauteur même facilitera l'opération.

Ne cherchons jamais à courber un arbre d'équerre, en mettant un lien à l'endroit de la courbure; ce serait s'exposer à le casser. Tout arbre ainsi cassé restera à peu près improductif. Le mieux, en pareil cas, sera de le recéper et de recommencer en laissant pousser un bourgeon.

Il faut se garder, en outre, pour éviter de casser les arbres, d'arracher à moitié les racines. Le mal ne serait guère moindre que dans le cas précédent.

A la condition de procéder comme nous avons dit, on obtiendra des résultats certains.

Si l'on avait à ployer des arbres d'une certaine grosseur, on pourrait les entortiller avec de la filasse mouillée, sur toute la longueur de la courbure : en employant ce moyen, il y aura chance qu'ils ne cassent pas, pourvu qu'on les prenne par l'extrémité, en leur faisant décrire un cercle.

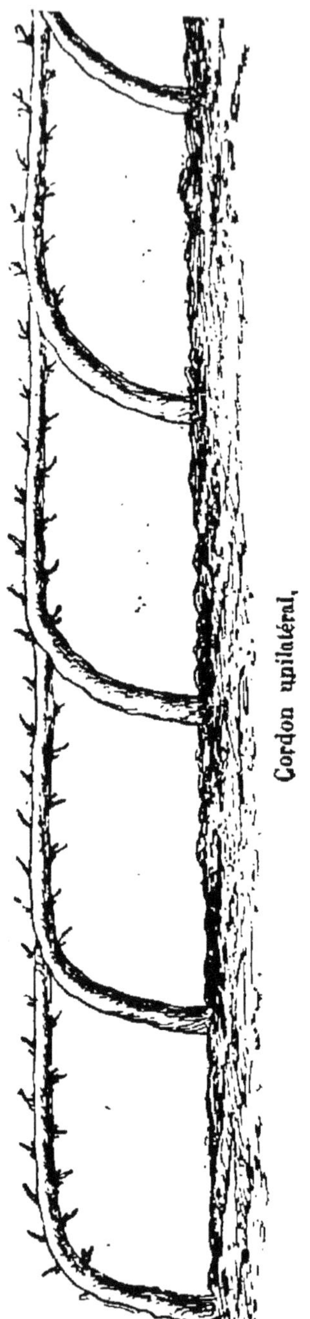
Cordon unilatéral.

Cordons unilatéraux à deux rangs. — Avec cette forme, on peut avoir indifféremment deux lignes de poiriers, ou une ligne de poiriers et une ligne de pommiers. C'est même cette dernière disposition que nous préférons; elle permet d'avoir en première ligne certaines variétés de pommiers qui aiment à trouver avec beaucoup de chaleur un peu d'ombrage et d'humidité.

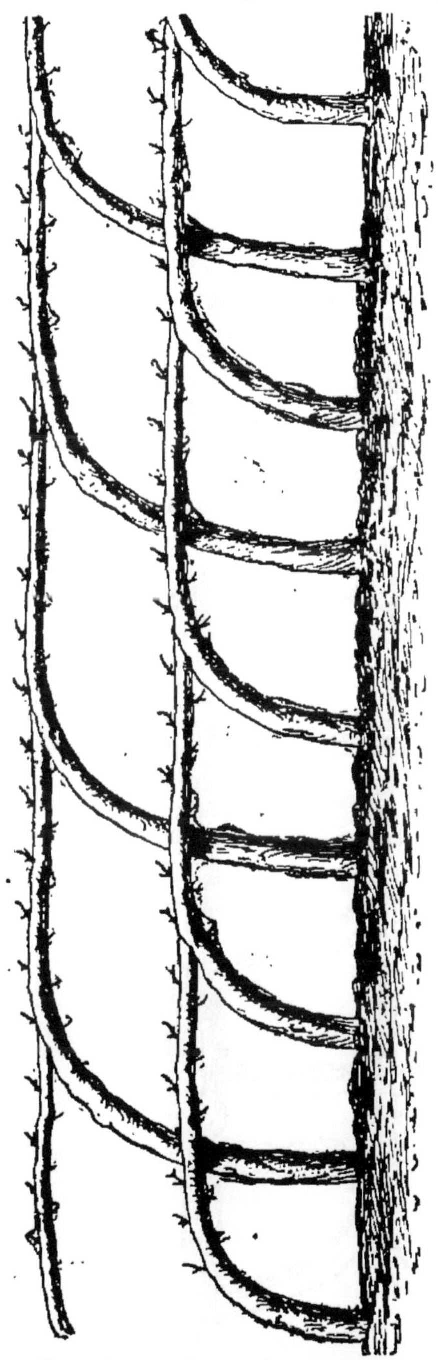

Cordon unilatéral à deux rangs.

Les arbres sont plantés à un mètre de distance. Le premier arbre planté est couché sur le premier fil de fer, le second sur le second fil de fer, le troisième sur le premier fil de fer, le quatrième sur le second fil de fer; et ainsi de suite. Lorsque les arbres se rejoignent, on les greffe par approche.

En procédant de cette manière, si l'on plante d'abord un pommier, puis un poirier, un pommier, puis encore un poirier, et en couchant ces arbres dans l'ordre que nous venons d'indiquer, on aura deux lignes distinctes, la première de pommiers, la seconde de poiriers.

Sur le premier des arbres, qui devra être toujours vigoureux, on laissera croître, à l'endroit de la courbure, un bourgeon que l'on conduira jusqu'à l'étage supérieur et que, après l'avoir couché sur le fil de fer, on greffera sur le second arbre.

Cordons à trois rangs. — On plante à 70 centimètres de

distance. Le premier arbre est couché sur le premier fil de

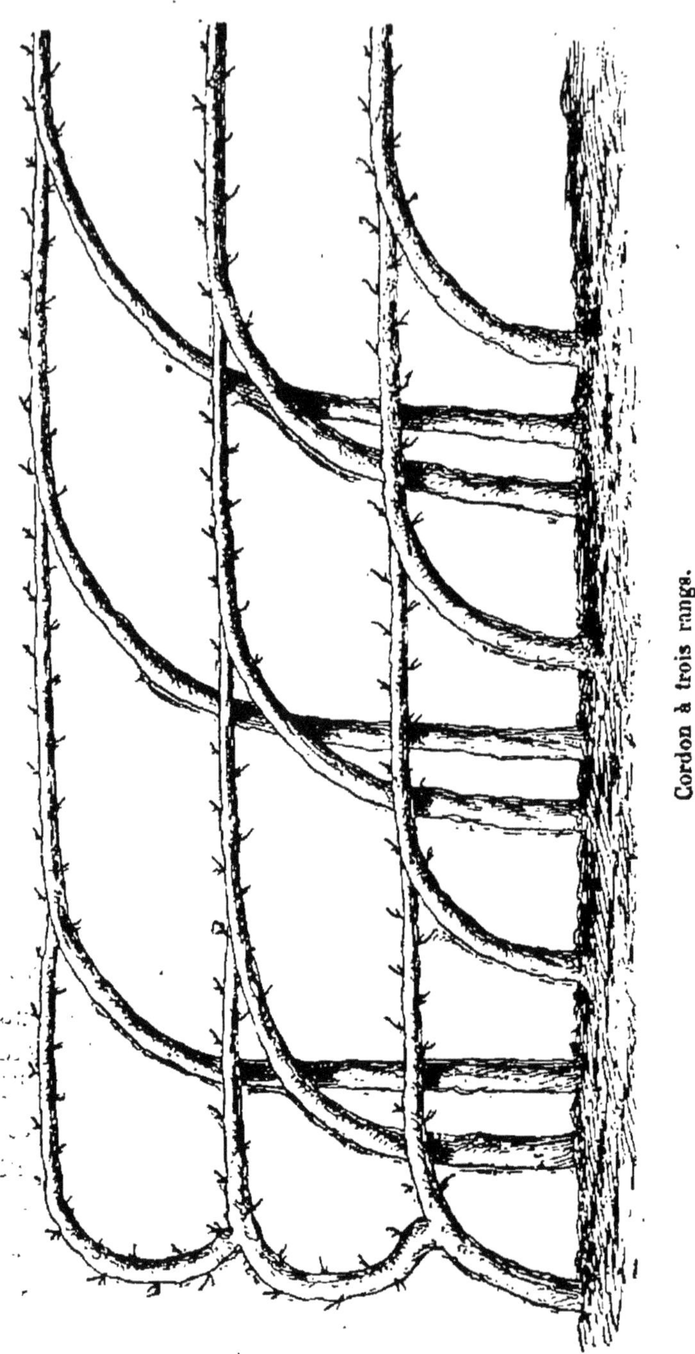

Cordon à trois rangs.

fer, le second sur le second fil de fer, le troisième sur le troisième fil de fer, le quatrième sur le premier fil de fer, et ainsi de suite jusqu'au bout du cordon.

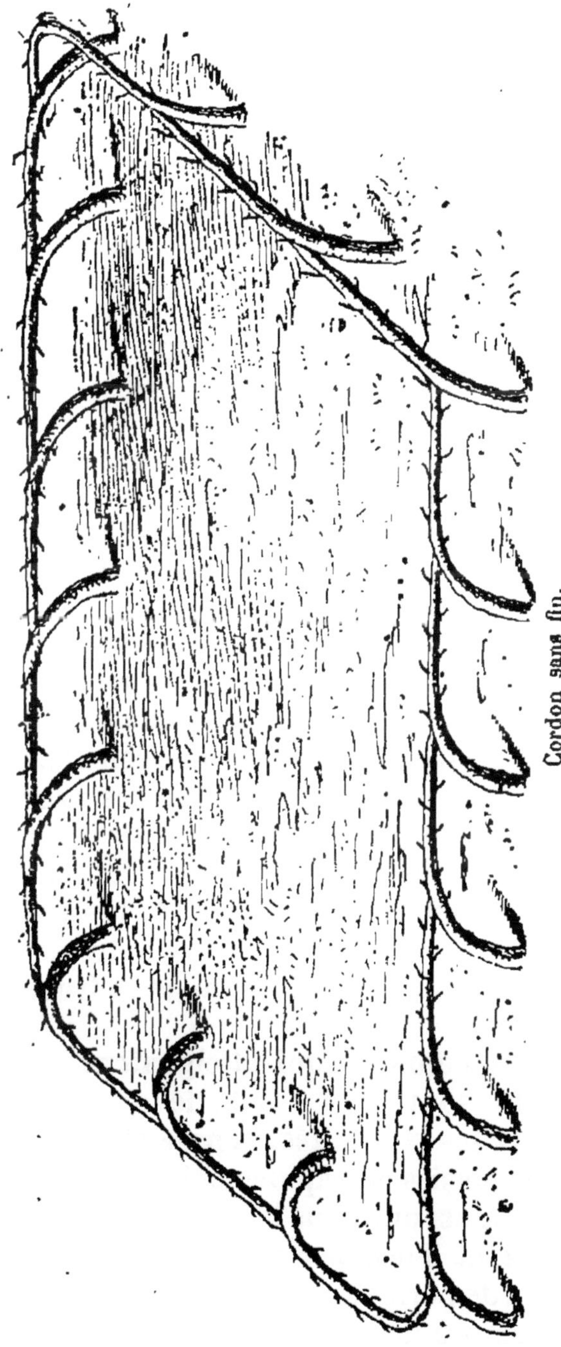

Cordon sans fin.

Comme pour les cordons à deux rangs, on plantera au commencement de la ligne un arbre vigoureux, on laissera pousser un bourgeon sur la courbure de cet arbre et on le couchera sur le fil de fer du second étage, pour être greffé avec le second arbre; puis, sur la courbure de cette branche, on prendra un second bourgeon qu'on couchera de même sur le fil de fer du troisième étage et qu'on greffera sur le troisième arbre.

Cordons sans fin. — Tous les arbres sont couchés les uns à la suite des autres greffés par approche, le dernier sur le premier.

Répétons-le, en terminant la série des cordons unilatéraux, les arbres soumis à cette forme ne fructifieront bien que si on ne laisse se produire sur le dessus ou à la base de l'arbre aucun bourgeon vigoureux; s'il se développait dans ces conditions un rameau qui menaçât de devenir un gourmand, il faudrait le supprimer.

Colonnes et fuseaux. — Outre les formes à donner aux arbres fruitiers, que nous avons indiquées, il en est beaucoup d'autres parmi lesquelles nous signalerons les colonnes et les fuseaux.

On a vu quels inconvénients offrent les pyramides, surtout si on leur donne la hauteur qu'elles doivent atteindre pour que leur forme soit absolument régulière. Dans les petits jardins, elles occupent trop de place et obligent ainsi à ne cultiver qu'un petit nombre de variétés. C'est sans doute en vue d'obvier à cet inconvénient qu'on imagina la forme en colonne.

Cette forme, qui date déjà de loin, se rencontre dans diverses contrées, et M. Lhomme, directeur du jardin fruitier de l'École de médecine de Paris, en a fait différentes applications.

Ces arbres, composés d'une tige verticale, s'élevant parfois à plus de sept ou huit mètres, sont garnis de rameaux à fruits de la base au sommet. On voit que de difficultés présentent ces arbres qu'on ne peut tailler sans une échelle. Et encore, ne peut-on soumettre à cette forme que des arbres peu vigoureux ou seulement de vigueur moyenne. Des arbres vigoureux ne pourraient être mis à fruit qu'à la condition de donner à leur tige une hauteur énorme. La sève, resserrée dans des limites trop étroites, ne manquerait pas, autrement, de déterminer des gourmands qui empêcheraient la fructification.

Nous avons vu de ces colonnes qui atteignaient seize mètres de hauteur. Le plus souvent, par suite de la tendance de la sève à se porter vers les extrémités, la base et même le milieu de ces arbres se dégarnissent rapidement. Cette forme est donc peu agréable et, ainsi que nous l'avons dit, les seuls avantages qu'elle offre sont d'occuper moins de place, de moins ombrager le sol, et de permettre de réunir sur le même espace un plus grand nombre de variétés.

Pour former ces colonnes, on plante les arbres à 1 mètre

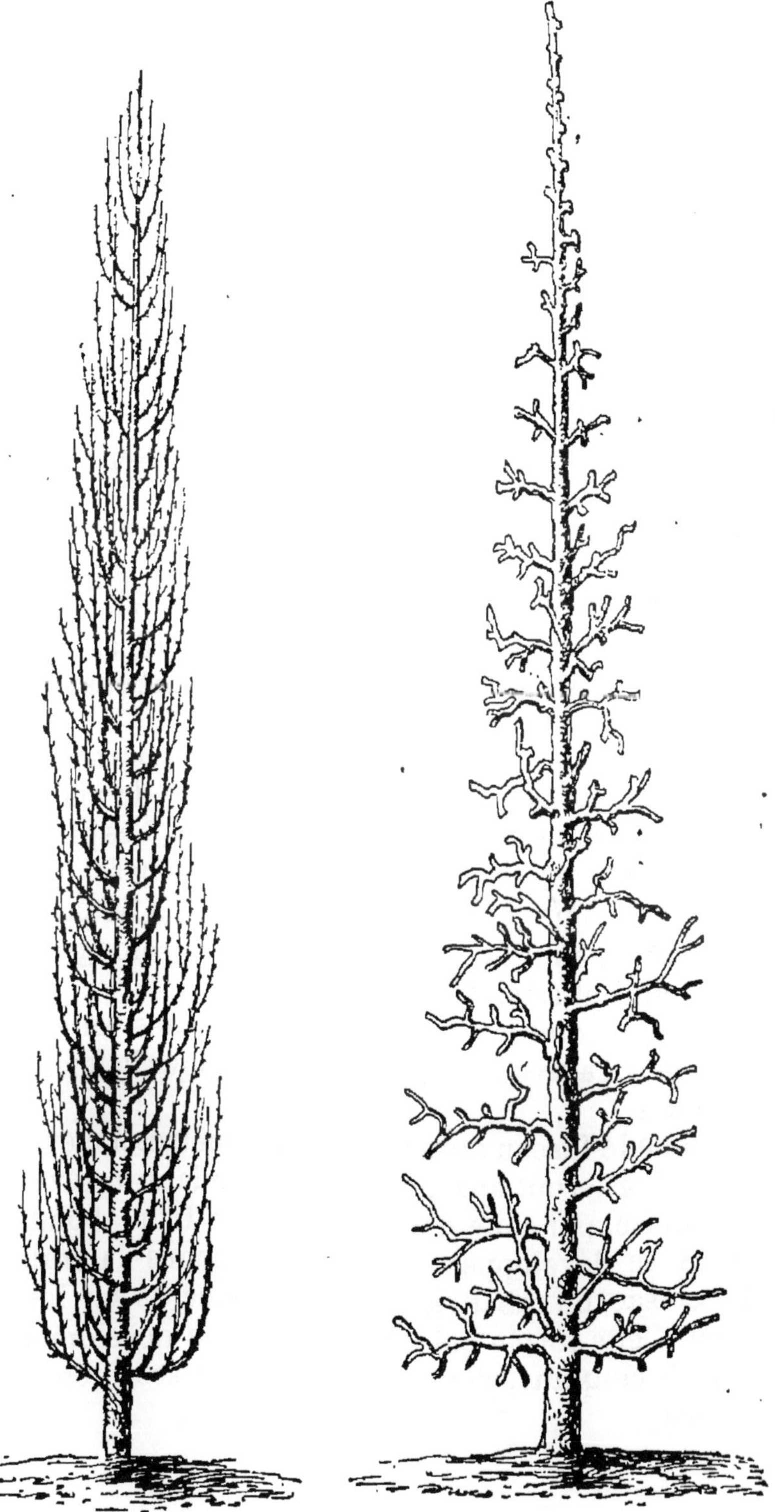

Forme en colonne.

Poirier en forme de fuseau.

ou même 80 centimètres d'intervalle, puis on retranche chaque année la moitié de la longueur des prolongements successifs de la tige. A cette forme en colonne, dont la tige verticale est garnie de la base au sommet de branches à fruits aussi longues dans la partie supérieure que dans la partie inférieure, nous préférons le fuseau tel qu'il est cultivé à Rennes par le Frère Henri.

Les arbres sont plantés à 1 mètre d'intervalle ; l'année qui suit celle de la plantation, on rabat à 50 centimètres.

Afin de faire prendre à la flèche une direction bien verticale, on l'attachera à un tuteur parfaitement droit. Suivant sa vigueur, la tige pourra être allongée, chaque année, de 25 à 50 centimètres, et même davantage.

Les rameaux à fruit diminueront de longueur à mesure qu'ils seront plus élevés. A la base, ces rameaux ne dépasseront pas 30 ou 35 centimètres ; au sommet on n'aura guère plus que des dards et des lambourdes. Ainsi, à la base, le diamètre sera d'environ 90 centimètres et au sommet de 10 centimètres.

Afin d'obtenir ce résultat, on taillera les branches latérales en raison de l'allongement de la flèche, de manière à ne jamais dépasser le cinquième de sa hauteur. Les plus longues de ces branches, c'est-à-dire celles de la base, ne devant jamais avoir une longueur de plus de 45 à 50 centimètres, on devra, pendant la saison, pincer leur prolongement lorsqu'elles auront atteint cette longueur.

Quant au nombre des branches latérales, elles devront être réglées d'après les règles indiquées pour la formation des pyramides.

Lorsque le fuseau aura atteint trois mètres d'élévation, les soins se borneront aux pincements pendant la sève. Si l'arbre s'épuise, par suite d'une production trop abondante, on laissera se développer quelques branches latérales; à la taille en sac, on rabattra ces prolongements sur leur empatement. Cette forme qui atteint tout son développement en quatre à cinq ans, donne promptement ses premières productions.

CHAPITRE VII

DE LA TAILLE EN GÉNÉRAL.

La taille, si elle est convenablement appliquée aux arbres fruitiers, produit divers résultats que M. du Breuil a ainsi résumés :

Elle permet de donner aux arbres des formes régulières et en rapport avec la place qu'on veut leur faire occuper. Ainsi, pour les arbres en espalier, elle fournit les moyens de leur faire développer une charpente symétrique qui les oblige à occuper utilement toute la surface d'un mur ; aux arbres en plein vent, c'est-à-dire non palissés contre un mur, on peut donner la forme pyramidale, en vase ou autre.

Par la taille, chacune des branches principales de l'arbre se trouve garnie de rameaux à fruits dans toute son étendue. Ce résultat est surtout remarquable dans les arbres à fruits à noyaux et notamment dans le pêcher, dont les branches, si elles n'étaient pas taillées, se dégarniraient rapidement de rameaux pour n'en conserver qu'au sommet.

La taille rend la fructification plus égale, car en supprimant, chaque année, des rameaux surabondants, on consacre à la formation de nouveaux boutons à fleurs pour l'année suivante la sève qu'auraient absorbée les parties que l'on retranche.

La taille, enfin, détermine la production de fruits plus volumineux et de meilleure qualité. En effet, une partie des fluides nourriciers qui auraient alimenté les parties supprimées tournent au profit des fruits que l'on a conservés.

Les instruments dont on se sert pour la taille des arbres sont :

1° La *serpette*, l'instrument le plus ancien et le meilleur, celui qui donne la coupe la plus nette et la plus facile à cicatriser.

La serpette est l'instrument des habiles ; il faut une certaine expérience pour la manier vite et adroitement. La serpette, est, d'ailleurs, indispensable pour les arbres à noyaux, si sujets à la gomme.

2° Le *sécateur*, qui a le désavantage de déchirer le tissu des rameaux et opère une pression qui oblige à laisser un onglet d'un centimètre au moins, au-dessus de l'œil.

3° L'*égohine* ou scie à main, pour les grosses branches. Quand on a enlevé une branche avec l'égohine, il faut avoir soin d'unir la plaie avec la serpette, afin de faciliter la cicatrisation.

Coupe du bois. — Un rameau peut être taillé de trois manières : en coupant le plus près possible d'un œil, sans, toutefois, l'endommager ; en coupant de façon à éventer l'œil, lorsqu'on veut l'affaiblir ; et enfin, en coupant à un ou deux centimètres au-dessous de cet œil, lorsqu'il s'agit de favoriser son développement. Dans ce dernier cas, l'onglet devra être enlevé à la taille suivante.

Mais ces onglets, comme ceux qui existent toujours lorsqu'on se sert du sécateur, présentent de graves inconvénients : ils font dévier le bourgeon de la ligne droite, et conséquemment donnent lieu à des branches tordues ; ils occasionnent la naissance de gourmands qui empêchent l'équilibre dans les diverses parties de l'arbre, et, par suite, retardent sa mise à fruits. D'autres dangers sont encore à craindre : ils peuvent occasionner le carie de la branche, et obliger plus tard à en opérer l'amputation,

Ces motifs rendent donc préférable l'usage de la serpette qui permet, avec un peu d'habitude, de faire facilement une bonne section, un peu en biseau et rez de l'œil, toujours sans onglet. Souvent on préfère le sécateur, dans la crainte de se blesser ; mais on évitera tout danger si, en opérant, on a soin de prendre le rameau entre le pouce et l'index de la main gauche, au-dessous de l'endroit où on veut le couper, en plaçant la lame à hauteur de l'œil et en donnant un coup vers soi. La lame de la serpette doit toujours agir au-dessus des doigts de la main gauche et jamais au-dessous.

Équilibre de la sève. — On ne pourra obtenir de beaux fruits que sur un arbre vigoureux ; et, d'un autre côté, les fleurs n'apparaissent que sur les rameaux faibles : voilà les deux principes que la taille doit concilier. Si la sève dans un arbre n'est pas équilibrée, lorsqu'une partie est forte et l'autre faible, la partie forte restera infertile, tandis que la partie faible se couvrira de fruits qui achèveront de l'épuiser.

On a conseillé, pour obtenir cet équilibre, et comme grand moyen, de tailler peu ou point la partie faible, puis de raccourcir tous les rameaux de la partie forte et de les ramener à la longueur de la partie faible.

Outre que cette manière de procéder est dangereuse pour la santé de l'arbre, elle amène le plus souvent des déceptions. Évitons ces rognages annuels que l'on fait subir aux arbres, en vue de les équilibrer ou de les mettre à fruits : n'est-ce pas une chose déplorable que de se condamner, pour équilibrer un arbre, à enlever la presque totalité de sa végétation pendant une année? Et d'ailleurs, chaque bourgeon qui se développe donne, comme on sait, naissance à une racine dont la vigueur est égale à celle du bourgeon qui l'a produite : si l'on coupe la branche, on ne détruit pas cette racine qui continuera à envoyer une sève abondante; et, à la place d'une branche trop forte, on aura des gourmands qui accéléreront le dépérissement de la partie faible.

L'équilibre pourra être obtenu facilement et plus sûrement par les moyens suivants :

1° Les *inclinaisons*. — La sève a tendance à toujours

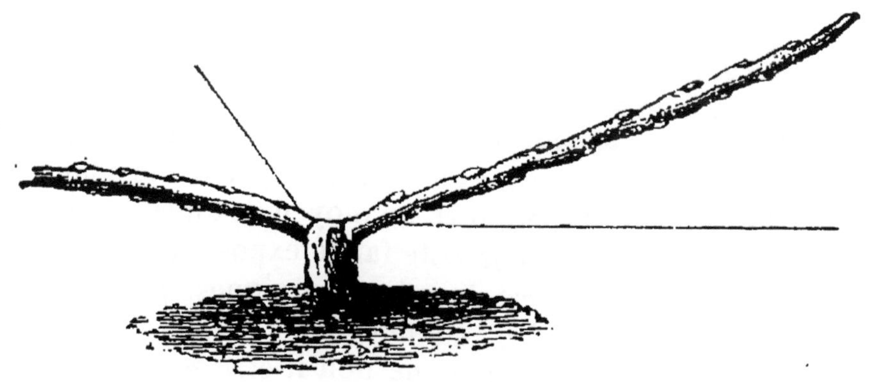

Equilibre par inclinaison.

se porter vers les parties verticales d'un arbre : si donc on incline la branche forte et qu'on redresse la branche faible, en l'exposant bien à la lumière, celle-ci ne tardera pas à acquérir une vigueur égale à celle de l'autre.

Le degré d'inclinaison à imposer à une branche dépendra de la disproportion qui existera.

2° *Palisser sévèrement.* — C'est un moyen énergique; si on charge la branche forte de plusieurs liens en la serrant contre le mur, de façon à la priver d'une certaine quantité de lumière, la sève circulera avec moins de facilité, et il se produira un ralentissement dans l'accroissement.

Si la disproportion entre les deux branches était trop considérable, on enfoncerait un échalas en avant de l'arbre et l'on palisserait dessus le plus verticalement possible la branche faible; recevant la lumière de toutes parts, elle croîtra avec une grande vigueur.

3° *Les pincements.* — Pincer de très bonne heure tous les bourgeons de la branche forte, aux longueurs déterminées aux cultures spéciales, et même l'extrémité des bourgeons de prolongement, et laisser instacts ceux de la branche faible. L'une s'arrêtera; l'autre, au contraire, pourvue d'une quantité considérable de feuilles, croîtra avec une rapidité d'autant plus grande que les bourgeons laissés intacts donneront naissance à de nouvelles racines.

4° *Supprimer simplement* un certain nombre de feuilles sur la partie forte, sans, toutefois, arracher le pétiole. Le côté fort se trouve ainsi privé d'un certain nombre d'appareils à cambium, et l'accroissement est, par suite, ralenti. Mais cette suppression des feuilles, si elle était considérable, pourrait par trop affaiblir l'arbre, de même que des pincements trop courts et trop réitérés auraient le même inconvénient. On n'aura donc recours à ce moyen qu'avec prudence.

Priver de lumière le côté fort, au moyen de toiles, pendant quelques jours, et laisser le côté faible exposé à la lumière la plus vive. Ce moyen est des plus énergiques, puisqu'il a pour effet de suspendre complètement l'accroissement d'une partie de l'arbre. Aussi, ne doit-il être employé que sur des arbres vigoureux, et par ceux-là seuls qui ont une grande expérience de la végétation.

C'est particulièrement dans la restauration des vieux arbres mal équilibrés qu'on use de ce procédé. Dans ce cas, outre les moyens déjà indiqués, il en est d'autres encore d'une grande efficacité.

Ainsi, après avoir palissé fortement le côté fort et relevé le côté faible, on aspergera les feuilles du côté faible avec du sulfate de fer, dissous dans de l'eau (2 gr. par litre), le soir, après le coucher du soleil, et l'eau étant à la température de l'atmosphère. On n'aspergera pas la partie forte.

Engrais liquide. — Nous avons vu que l'engrais liquide est assimilable à l'instant même par les racines. On arrosera avec cet engrais le côté faible de l'arbre, et on paillera, afin d'entretenir la fraîcheur.

Les entailles faites avec la scie à main sur les arbres à fruits à pépins, avec la serpette sur les arbres à fruits à noyaux sont des moyens énergiques pour équilibrer les branches.

Nous citerons encore, comme moyens d'équilibrer la sève.

5° *La suppression* des fruits sur la partie faible de l'arbre. Les fruits absorbent une grande quantité de sève; si on les supprime, la sève profitera à l'accroissement des bourgeons, et, par suite, à la production des racines.

6° Enfin, on pourra greffer des boutons à fruits sur la partie forte de l'arbre; ce moyen très énergique, arrêtera la croissance des gourmands. On choisit de très grosses variétés, telles que la Belle Angevine, la Duchesse, le Triomphe de Jodoigne, Beurré Clairjeau, pour les poiriers; Royale d'Angleterre, Belle Dubois, Empereur Alexandre, Reine de Bretagne, pour les pommiers, et l'on greffe en quantité proportionnelle à la vigueur de la branche. On laisse intacte la branche faible. L'une s'arrête, l'autre reprend avec vigueur et l'équilibre se rétablit sans que l'arbre ait eu à souffrir d'aucune mutilation. On aura de plus l'avantage de récolter des fruits énormes. Nous devons dire, toutefois, que cette opération ne réussit pas toujours aussi bien sur le pommier que sur le poirier.

L'équilibre est la loi de la végétation et aussi de la fructification. Les rameaux destinés à porter des fruits devront donc être équilibrés, comme les branches de la charpente. A cet effet, on aura à supprimer presque toujours les rameaux du dessus de la branche qui auront une tendance à s'emporter. A la place du gourmand, sur l'empâtement naîtront des dards qui se mettront facilement à fruits; s'il ne poussait rien, on grefferait un bouton à fruit sur le devant de la branche.

Mise à fruits. — Un arbre ne fructifiera qu'à la condition que la sève, circulant avec lenteur, laissera aux feuilles le temps d'élaborer le cambium et de lui faire subir une préparation complète; sans cela, il ne produira que des boutons à bois.

Cette observation nous explique pourquoi les arbres jeunes et vigoureux donnent rarement des fruits.

La conséquence naturelle du principe que nous venons de poser, c'est qu'il faut tailler longs les prolongements, aussi longs qu'il sera possible, mais de façon que tous les yeux se développent. Plus la sève aura un long parcours, plus sa circulation sera lente; moins il y aura de bourgeons, et plus il y aura de boutons à fleurs.

Ainsi la circulation lente de la sève est la clef de la mise à fruits des arbres.

On ne fera exception à cette règle que dans deux cas : lorsque la charpente d'un arbre aura acquis tout son développement et que les branches sont couvertes de fruits, et lorsqu'un arbre est fatigué, soit par une production trop abondante, soit par les tailles qu'il a subies.

Dans l'un et l'autre de ces cas, la production des bourgeons ayant été nulle, l'arbre n'a pas acquis de nouvelles racines. Si l'on taille court, la sève, se trouvant circonscrite, agira avec force dans toutes les parties de l'arbre; Des bourgeons se dévolopperont et l'arbre reprendra toute sa vigueur.

Comme moyens de diminuer l'intensité de l'action de la sève et de hâter la fructification, nous indiquerons encore les suivants :

Pincer les bourgeons latéraux dès que ces bourgeons auront atteint la longueur que nous déterminerons pour chaque espèce. Ce pincement aura pour effet de maintenir le bourgeon dans un état de faiblesse qui favorisera sa mise à fruit.

Casser les rameaux, au lieu de les couper. Par le cassement, on occasionne au rameau une plaie qui ne se cicatrise pas comme ferait une coupure, et par laquelle s'échappe la surabondance de sève. Le cassement fait généralement naître des boutons à fruits à la base.

Les cassements ne se pratiquent que sur les arbres à fruits à pépins; sur les arbres à fruits à noyaux, ils feraient naître la gomme.

Greffer des boutons à fruits. Nous avons déjà indiqué ce moyen comme un de ceux qu'on emploie pour équilibrer les branches d'un arbre; il n'est pas moins efficace pour déterminer la mise à fruit. Les lambourdes que l'on greffe ainsi donnent du fruit dès l'année suivante; elles vivent aussi longtemps que l'arbre lui-même.

Cette opération se fait dans la première quinzaine d'août. On prend la greffe ou sur des sujets plantés l'hiver précédent et n'ayant pas encore subi de taille, ou sur un arbre d'où ces boutons devraient disparaître à la taille. Les meilleures lambourdes sont celles qui poussent sur le bois d'un an. On opère comme pour l'écusson.

Arquer les branches. — On attache les branches de façon à leur faire décrire une courbe. Mais il ne faut pas que cette courbe soit trop prononcée, sans quoi on occasionnerait la naissance de gourmands. Ce qu'on cherche, en arquant ainsi les branches, c'est que la sève circule plus lentement.

Tailler tard, lorsque l'arbre est en pleine sève et que les bourgeons ont déjà une longueur de 2 à 3 centimètres, cette opération fatigue l'arbre, et conséquemment favorise la fructification; mais on comprend qu'elle ne doit être appliquée qu'à des arbres vigoureux.

Enfin on conseille encore, pour modérer la vigueur d'un arbre et le porter à se mettre à fruit, de pratiquer, en février, au bas de la tige, une incision annulaire d'environ 5 millimètres de profondeur. Après avoir dégarni de terre le pied de l'arbre, on l'incise avec la scie à main, puis on a soin de remettre la terre en place. Cette opération, en gênant l'ascension de la sève, modère son activité ; mais, si elle peut être quelquefois appliquée aux arbres à pépins autres que ceux à haute tige, elle ne doit jamais l'être aux arbres à fruits à noyaux, chez lesquels elle occasionnerait la gomme.

Arbres ne donnant que des fruits. — S'il y a des arbres qui ne produisent que du bois, il en est d'autres qui se couvrent de fruits au point que la croissance des prolongements est arrêtée. En pareil cas, il faudra, pendant une année ou deux, sacrifier tous les fruits. A l'époque de la floraison, lorsque les fleurs sont épanouies, on supprimera ces fleurs, en conservant intacte la rosette de feuilles qui les environne. A l'empâtement des fleurs supprimées se trouvent des yeux qui ne tarderont pas à se développer ; s'il part deux bourgeons, on en supprimera un.

Volume des fruits. — La grosseur des fruits est en rapport avec la quantité de sève qu'ils absorbent. Il est donc important de favoriser cette absorption de la sève, et on y arrivera par les moyens suivants :

1° A la taille d'hiver, supprimer tout le bois qui ne sera pas nécessaire à la formation de la charpente. Les sucs que ces rameaux inutiles auraient absorbés profiteront à ceux qui auront été conservés, ainsi qu'aux fruits.

2° Maintenir les rameaux à fruits le plus courts possible, toujours près de la branche mère, afin qu'ils reçoivent une plus grande abondance de sève.

3° Rapprocher les lambourdes. Les boutons qui naîtront à la base de ces lambourdes donneront de beaux fruits, tandis que, si on les laissait s'allonger, elles finiraient par atteindre une longueur telle que les fruits trop nombreux ne trouveraient plus une nourriture suffisante ; ils resteraient comparativement petits si même ils ne tombaient avant d'arriver à maturité.

4° Pincer les bourgeons, à l'exception des prolongements de la charpente. Les pincements préparent la fructification pour l'année suivante, et, en même temps favorisent le développement des fruits qui profitent de la sève que ces bourgeons auraient absorbée.

5° Ne pas laisser trop de fruits aux arbres. C'est le meilleur moyen d'obtenir de beaux et bons fruits. La proportion serait d'un fruit par quatre rameaux pour les espèces à pépins, et d'un fruit par 10 centimètres sur les espèces à noyaux. Sur un bouquet de fruits, on supprimera, huit ou dix jours après leur formation, ceux qui sont au centre, et on ne laissera que les plus éloignés, de manière qu'ils ne puissent se toucher et que les vers n'aillent pas se loger entre eux, pour les piquer successivement.

La taille des arbres comprend diverses opérations qui comportent les unes la taille d'hiver, les autres la taille d'été.

La taille d'hiver, qui se pratique pendant le repos de la végétation, comprend la coupe des rameaux, le rapprochement, le ravalement, les entailles, les cassements, les incisions, l'éborgnage, le récépage, etc.

On profitera pour tailler, d'un temps doux, du mois de novembre au mois de mars, suivant la vigueur des arbres et l'état de la végétation.

On taillera par ordre de précocité, c'est-à-dire, en commençant par les espèces qui végètent les premières. Ainsi viendront successivement les abricotiers les pêchers, les cerisiers, les pruniers, puis, en dernier lieu, les poiriers et les pommiers.

Il est contraire au bon sens de tailler, comme cela arrive, les abricotiers et les pêchers quand ils sont en fleurs. C'est occasionner à ces arbres, déjà fatigués par la floraison, une fatigue très préjudiciable.

Les arbres faibles ou fatigués par une abondante production seront taillés aussitôt après la chute des feuilles.

Il sera utile, souvent, d'avancer la taille après un été sec, et de la retarder après une saison pluvieuse. La végétation accomplie par un été sec produit du bois bien constitué, et il est bon de concentrer l'énergie vitale sur les boutons qui seront conservés.

On se gardera de tailler quand il gèle ou quand la gelée paraît imminente.

Si l'on opère la taille avant les fortes gelées, les rameaux exposés aux influences de l'air, de l'humidité et des gelées, n'auront pas le temps de se cicatriser et il en résultera que le bouton terminal réservé au sommet de ces rameaux sera souvent détruit.

Les mêmes accidents seront à craindre si l'on pratique la taille pendant la gelée. Les instruments coupent difficilement le bois gelé, et conséquemment, les plaies qui seront déchirées ne se cicatriseront pas ; la mortalité descendra au-dessous du bouton qui avoisine la coupe, et ce bouton sera anéanti.

On se gardera également d'attendre pour tailler que le bourgeonnement commence à se manifester. La sève des racines qui s'est déjà répandue dans toutes les parties de l'arbre serait perdue ; et cette sève, refoulée du sommet vers la base, peut s'extravaser et produire des chancres ou de la gomme.

On ne pourra faire exception que pour les arbres vigoureux difficiles à mettre à fruits. Pour ceux-là, on pourra tailler tard, lorsque les bourgeons apparaissent.

Les opérations de la taille d'été sont l'ébourgeonnement, les pincements, les cassements en vert, la suppression des fruits trop nombreux, le rapprochement et l'effeuillement.

CHAPITRE VIII

POIRIER

Taille des prolongements — Taille des rameaux à fruits.

Le poirier préfère un sol substantiel et profond.

Les terres franches, les terres argilo-siliceuses, les sables gras, ferrugineux, les terrains légers un peu frais, quand l'humus domine le calcaire, conviennent au poirier, à la condition que la couche arable soit suffisamment épaisse et que le sous-sol soit perméable.

Les amendements pour le poirier sont les bonnes terres végétales, les boues des rues, les curages de rivière, les platras, les chiffons de laine, les débris d'animaux et de végétaux, selon la nature du sous-sol.

On greffe le poirier sur sauvageon, dit poirier franc, ou sur cognassier, ce qui permet de le planter dans des terrains de nature différente. On greffe encore sur aubépine pour certaines variétés dans les endroits secs où le franc et le cognassier ne réussiraient pas.

Le poirier greffé sur franc demande une couche de terre profonde où puissent s'enfoncer ses racines pivotantes. La sécheresse lui est moins nuisible qu'une humidité stagnante.

Le poirier sur franc est plus lent à produire, mais il constitue des arbres plus vigoureux et d'une plus longue durée.

Le poirier greffé sur cognassier préfère les endroits frais, les schistes, les terres grasses, légèrement humides, sans être trop compactes.

Le poirier sur cognassier produit plus vite, donne de beaux et bons fruits, mais dure moins longtemps.

Le poirier vit difficilement sous une latitude plus chaude que celle du midi de la France. Vers le nord de l'Europe, les brouillards froids et persistants contrarient son existence en plein vent.

Lorsque les poiriers ont été plantés et qu'on a déterminé quelle forme on leur donnera, il y aura à se préoccuper, ainsi que nous l'avons dit dans le précédent chapitre, de la formation de la charpente, et ensuite de la taille des prolongements. De la taille de ces prolongements dépendra en grande partie la mise à fruits.

En parlant de la formation des formes en U et des candélabres à quatre branches, nous avons dit que l'allongement des tiges, lorsqu'elles sont palissées verticalement, peut être d'environ 50 centimètres par année, mais à une condition, c'est qu'on n'oubliera pas, lorsque le bourgeon aura atteint une longueur de 35 centimètres, d'opérer une taille en vert à 25 centimètres, afin de faire gonfler les yeux de la base.

La taille des prolongements, en effet, doit être calculée

de façon à ce que tous les yeux se développent de la base au sommet. Il est constaté qu'une branche couchée horizontalement développe tous ses yeux. On pourrait donc ne pas opérer de taille sur une branche se trouvant dans ces conditions; mais, ainsi que nous l'avons précédemment expliqué, on retranchera un ou deux centimètres de l'extrémité de cette branche, en coupant sur un œil bien constitué, afin d'obtenir un nouveau prolongement bien vigoureux.

En partant de ce principe qu'une branche placée horizontalement développe tous ses yeux, tandis qu'une branche palissée verticalement ne développe ses yeux de la base que si on supprime les deux tiers de sa longueur, on comprendra que les branches entre ces points extrêmes devront être taillées plus ou moins longues, suivant leur degré d'inclinaison.

Cette règle est applicable aux prolongements de toutes les formes. On voit donc quels avantages il y a à choisir les formes à lignes horizontales, surtout celles où la sève se divise à la base. Ces formes ne nécessitent pour ainsi dire pas d'amputations, et la sève circulant lentement dans toutes les parties de l'arbre, l'équilibre s'établit aisément et, par suite, la mise à fruits est très prompte.

A mesure que se formeront les blanches de la charpente, on se préoccupera de les couvrir de rameaux à fruits. La formation de ces rameaux à fruits est la même sur les branches charpentières de tous les arbres, quelle que soit la direction, verticale ou horizontale, qu'on leur ait imprimée; ces rameaux, comme ceux de presque toutes les espèces de fruits à pépins, demandent trois années pour se constituer. Il ne fleurissent qu'au troisième printemps; mais, une fois formés, ils produisent des fruits, s'ils sont bien soignés, pendant toute la durée de l'arbre.

Taille d'hiver, première année. — L'arbre planté, puis récépé, comme nous avons dit, a produit, pendant le cours de la végétation, les bourgeons, qu'on a mis en place et qui sont devenus rameaux. Ce sont ces rameaux qui formeront les premières branches charpentières, et qu'on taillera, de la fin de janvier à la fin de février, de façon à faire développer tous les yeux et à obtenir, en même temps, un bon prolongement.

Si les branches sont placées horizontalement, on taillera sur un œil de côté et en avant. En taillant sur un œil en dessous, on aurait un prolongement faible et tortu; en dessus, le prolongement serait fort, mais plus tortu encore. Il y aura lieu, parfois, de procéder à l'éborgnage des yeux voisins de l'œil de taille, en vue de favoriser le développement du nouveau prolongement.

Opérations d'été. — Si la taille de notre prolongement a été bien calculée, nous verrons naître sur ce prolongement d'abord des bouquets de feuilles, puis des dards, et enfin, vers le sommet, des bourgeons.

Les rosettes des feuilles et des dards produiront des fruits si la sève est bien équilibrée; mais les bourgeons devront être soumis à un traitement particulier : ils devront être pincés.

Le pincement, a-t-on dit avec raison, est la clef de la fructification. Partout on a admis le pincement, mais où l'on diffère, c'est sur la méthode à employer.

Les uns disent : pincez court, pincez sur deux ou trois feuilles ayant des yeux à l'aisselle; s'il est besoin d'un second, d'un troisième pincement, vous le pratiquerez sur une feuille au-dessus du précédent. Quant aux bourgeons qui naîtront sur un bourgeon ayant déjà subi un seul pincement et qu'on nomme faux bourgeon, pincez-le sur une feuille au-dessus de son empâtement. S'il naît plusieurs faux bourgeons, traitez le plus élevé comme on vient de dire et supprimez tous ceux qui se trouvent au-dessous, en conservant seulement la feuille à l'aisselle de laquelle ils ont pris naissance.

Cette méthode a certainement l'avantage d'être simple, d'une application facile; elle permet à la lumière de se répandre sur tous les rameaux; or, comme dit le proverbe, point de lumière point de fruits. Si les arbres sont faibles, on obtient des fruits dès la première ou la seconde année.

Mais on répond à cela que si l'on pince sur deux ou trois feuilles seulement, et que l'arbre soit vigoureux, la sève, circonscrite dans un espace trop restreint, fera pression sur les yeux qui resteront et les fera développer en bourgeons vigoureux. Au printemps suivant, le rameau étant d'une vigueur excessive, on sera obligé de le couper sur son empâtement, et, alors, de deux choses l'une, ou l'empâtement périra, et il y aura un vide sur la branche, ou, la variété étant pourvue d'yeux à la base, il naîtra une quantité de bourgeons qui, malgré des pincements réitérés, formeront une tête de saule.

Les partisans du pincement court reconnaissent que l'arbre se nourrit en partie par ses feuilles : il y a donc intérêt à ne pas priver les rameaux de cet appareil indispensable. La méthode de M. le professeur Gressent, que nous avons appliquée, nous a toujours donné de bons résultats, et il nous a paru qu'elle est fondée sur une connaissance exacte des lois de la végétation. C'est celle que nous avons adoptée.

Les feuilles sont le laboratoire où se forme le cambium, nécessaire à la préparation des boutons à fruits : huit feuilles sur un rameau, quelle que soit la variété de l'arbre, sont jugées nécessaires pour cette élaboration : « Donc, nous dit le savant professeur, quand un bourgeon du poirier aura développé de dix à quinze feuilles, quelle que soit la longueur du bourgeon, on le pincera sur huit feuilles, c'est-à-dire qu'on rompra avec les doigts le bourgeon, de façon à produire une plaie déchirée qui se cicatrise lentement. »

En même temps que le pincement, on pratiquera l'ébourgeonnement, afin d'obtenir un équilibre parfait. S'il était né des bourgeons accompagnant celui de prolongement, on les supprimerait avant qu'ils aient atteint 1 centimètre.

On supprimera également les bourgeons du dessus des branches qui, dès leur naissance, prendraient les proportions d'un gourmand, et aussi ceux produits par un œil double. Par suite de cet ébourgeonnement, il naîtra un bourgeon faible qui se mettra aisément à fruits. S'il se produisait deux ou plusieurs bourgeons, on supprimerait les plus forts à la base, et on laisserait le plus faible.

Si les yeux de la base du bourgeon qu'on a pincé à huit

feuilles ne paraissaient pas devoir se développer, on cassera en vert deux yeux au-dessous du pincement, afin que ces yeux ne restent pas endormis.

Ce cassement en vert qui se pratique pendant le cours de la végétation, et qui est bien différent du pincement, produit une véritable déchirure par où s'échappe la surabondance de la sève. Le cassement en vert s'opère avec la lame

Cassement en vert.

de la serpette, et on enlève complètement le bout du bourgeon.

Le plus souvent il naîtra un autre bourgeon à l'extrémité du bourgeon pincé. Ce nouveau bourgeon, ou ces nouveaux bourgeons, s'il y en a plusieurs, seront soumis à un pincement sur six feuilles.

Lorsque la variété est vigoureuse, le ou les pincements ne suffiraient pas pour arrêter le développement des bourgeons. On pincera deux fois, comme nous venons de dire; puis, lorsqu'il aura poussé un troisième bourgeon, on opérera un cassement en vert, au-dessous du premier pincement, et on pincera sur six ou sept feuilles le bourgeon conservé.

Il est important de ne point laisser de bifurcations qui jetteraient de l'ombre dans l'arbre.

Lorsqu'on a oublié ou négligé d'opérer le pincement, on peut encore y remédier jusqu'au mois de juin et même au mois de juillet. On casse en vert tous les bourgeons latéraux sur huit feuilles. Si quelques-uns de ces bourgeons étaient faibles, on les pincerait, au lieu de les casser, mais toujours en laissant huit feuilles.

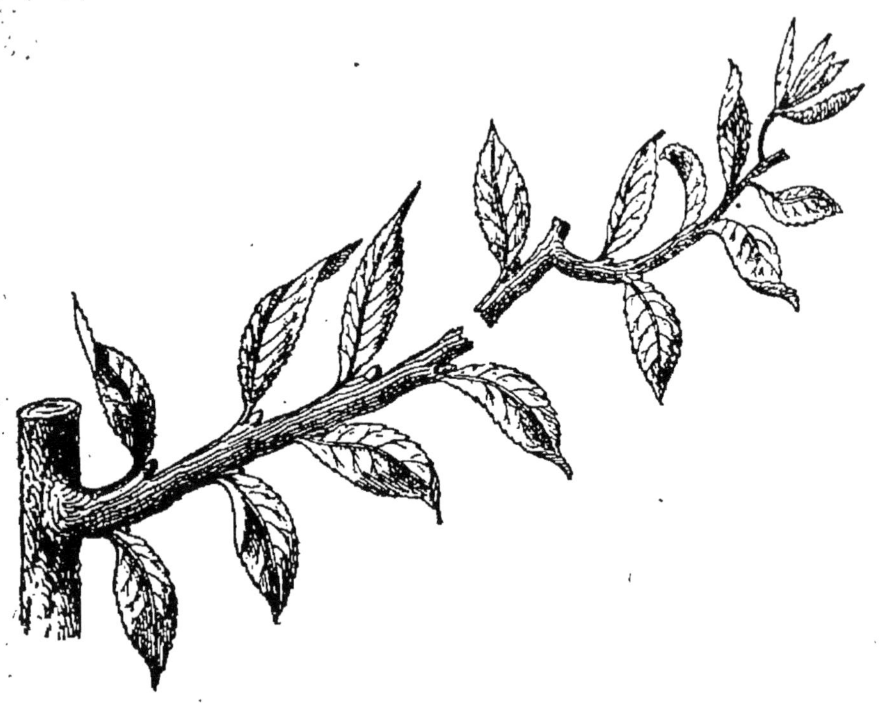

Second cassement.

Ainsi, pendant le cours de la végétation, nous avons pratiqué, sur le prolongement, les pincements, les ébourgeonnements et les cassements en vert.

Taille d'hiver, seconde année. — Au printemps de la seconde année, c'est-à-dire de la fin de janvier au 15 mars, on pratiquera les opérations suivantes : on cassera sur cinq yeux les rameaux faibles, sur six yeux les rameaux de vigueur moyenne. Les rameaux vigoureux seront cassés deux fois, d'abord complètement sur le sixième œil, et ensuite à moitié, un peu au-dessous du premier cassement. Le bout du rameau ainsi recassé ne sera pas enlevé.

Ces cassements en sec ne doivent pas être confondus avec

les cassements en vert que l'on a pratiqués pendant le cours de la végétation. Ils se font en appliquant la lame de la serpette à l'endroit du rameau où on veut le casser, et en donnant un coup sec. Pour le cassement partiel, afin d'éviter de détacher le bout du rameau, on coupe seulement l'écorce.

Par suite de ces cassements, le rameau se trouve dans un état assez continu de souffrance. Il produira peut-être, néanmoins, des bourgeons; mais, presque toujours, il naîtra à sa base des boutons à fruits.

Après la taille, ou plutôt après le cassement des rameaux latéraux, on taillera le prolongement.

Pendant l'été suivant, on ébourgeonnera, comme on a fait l'année précédente; on pincera les bourgeons qui naîtront sur les rameaux qu'on a cassés à la taille d'hiver, et qui se développeront sur le nouveau prolongement.

A la chute des feuilles, la première partie de la branche que nous traitons depuis deux ans aura les yeux de sa base convertis en boutons à fruits; les dards du second tiers porteront également des boutons à fruits; enfin, les rameaux qui ont été pincés, puis cassés en vert la première année — cassés en sec la seconde — montreront un ou plusieurs boutons à fruits.

Taille d'hiver, troisième année. — On taillera les rameaux à fruits sur le bouton le plus rapproché de la base, de manière à n'en conserver qu'un seul.

Cette opération paraîtra peut-être rigoureuse; mais elle est indispensable si l'on tient à ce que l'arbre ne s'épuise pas par une floraison trop abondante. Il restera d'ailleurs bien assez de fruits, et ils viendront d'autant mieux qu'ils profiteront de la sève que les autres auraient absorbée si on ne les avait pas supprimés.

Cette suppression de boutons à fruits ne suffira même pas toujours, et souvent on sera obligé, après la floraison, de faire disparaître une partie des fruits, afin d'assurer la récolte des autres.

Il arrive, pour certaines variétés, telle que Beurré d'Arenberg, Bergamote Esperen, Joséphine-de-Malines, que les bourgeons sont quelquefois ramifiés : dans ce cas, on cessera les rameaux latéraux sur dix yeux. Ceux de ces rameaux qui seraient trop vigoureux seront supprimés.

En outre, lorsque les ramifications seront trop rapprochées, on en supprimera quelques-unes. Sur une longueur de 10 à 15 centimètres, on ne devrait laisser au plus que trois rameaux à fruits.

On laisse quelquefois, comme tire-sève, un bourgeon au-dessus des boutons à fruits : c'est un procédé que nous ne

Lambourde.

conseillerons pas. Les fruits attirent à eux et absorbent trop de sève pour qu'il soit besoin de recourir à ce moyen.

Lorsque le bouton à fruits est constitué, on lui donne le nom de *lambourde*. Lorsqu'elle a fleuri et fructifié, la lambourde porte à son extrémité un renflement spongieux qu'on appelle *bourse*. Si l'on examine une de ces bourses, on verra qu'elle porte à sa base des yeux, dont la plupart produisent, l'année suivante, des boutons à fruits.

Lorsqu'il naît un bourgeon sur ces bourses, on le soumet au pincement et au cassement, s'il y a lieu ; puis, dès qu'un nouveau bouton à fruit s'est formé, on taille de façon à rapprocher le plus possible.

Les lambourdes sont supportées par un pédoncule, et dans les rides de ce pédoncule est contenu le rudiment de nombreux boutons à fruits. Si l'on a soin de rapprocher sans cesse la lambourde, de ne pas la laisser allonger par

Suppression des bifurcations.

la production de bourgeons et de brindilles, ce pédoncule sera une source inépuisable de boutons à fruits.

Lorsqu'il se développera un bourgeon au centre d'un bouquet de fleurs, on le pincera sur quatre feuilles, pour empêcher que les rudiments contenus dans le pédoncule ne s'éteignent.

CHAPITRE IX

VARIÉTÉS DE POIRIERS.

Les variétés que nous allons signaler sont les meilleures, celles qui donnent d'excellents fruits. Il en existe sans doute beaucoup d'autres; mais l'essentiel dans un jardin est d'avoir des arbres qui assurent une provision de poires pour dix mois au moins de l'année. En même temps que l'époque de maturité, nous indiquerons la qualité particulière des fruits, la vigueur des arbres, l'exposition qui leur convient, et la forme ou les formes auxquelles il est préférable de les soumettre.

Variétés mûrissant en juillet :

Madeleine. — Arbre de vigueur moyenne, très fertile; réussit en plein vent. Peut être placé en espalier, en candélabres à quatre branches et en cordons unilatéraux. Les fruits se conservent peu.

Beurré Giffard. — Assez vigoureux, très fertile, les formes moyennes d'espalier et de plein vent lui conviennent parfaitement, et il s'arrange de toutes les expositions à l'exception de celle du nord. Le Beurré Giffard, qui mûrit après la Madeleine, est la meilleure de nos poires d'été.

En août :

Épargne. — Très fertile; très vigoureux s'il est greffé sur franc; s'il est greffé sur cognassier, le soumettre aux formes moyennes. La poire ne se conserve pas.

En septembre :

Beurré d'Amanlis. — Très vigoureux et très fertile; convient pour les plus grandes formes de plein vent; arbre précieux pour la greffe des variétés faibles.

William. — Arbre très fertile; faible s'il est greffé sur cognassier; pour les formes moyennes, il est nécessaire qu'il soit greffé sur franc ou qu'on l'affranchisse. Le fruit, qui est excellent, ne se conserve pas longtemps.

6

Beurré superfin. — L'arbre est très faible; donne de très beaux fruits en cordons unilatéraux. Le plus souvent, est cultivé par greffe de boutons à fruits; poire de qualité hors ligne.

Bonne-d'Ézé. — De vigueur moyenne, très fertile; convient pour les petites formes d'espalier et de plein vent. En cordons unilatéraux, produit des fruits énormes. Poire de bonne qualité.

En octobre :

Doyenné Boussock. — Assez vigoureux et fertile. Pour les formes moyennes d'espalier et de plein vent; exposition à l'est et à l'ouest; poire d'excellente qualité, qui devient très grosse, en cordons unilatéraux.

Beurré gris. — Très fertile, mais peu vigoureux; ne peut être soumis aux grandes formes qu'à la condition d'être greffé sur franc; espalier au sud et au sud-ouest, et cordons unilatéraux. Fruit excellent se conserve peu.

Beurré Hardy. — Arbre vigoureux; convient pour toutes les grandes formes, demande l'est et l'ouest.

Louise-Bonne d'Avranches. — Assez vigoureux, très fertile; convient pour toutes les formes et se trouve bien à toutes les expositions. Fruits excellents et énormes en cordons unilatéraux; en Normandie, cet arbre tend à s'affaiblir.

Général-Tottleben. — Fruit de bonne qualité, très beau; arbre vigoureux; exposition est et ouest; convient aux grandes formes d'espalier et de plein vent.

En novembre :

Doyenné Gris. — Arbre faible, très fertile; vient à toutes les expositions en espalier; poire excellente, petite forme; réussit en cordons unilatéraux.

Duchesse-d'Angoulême. — Vigoureux et très fertile; convient à toutes les formes et à toutes les expositions en plein vent; en cordons unilatéraux, on obtient des fruits énormes. Poire de bonne qualité qui mûrit d'octobre à janvier.

Doyenné du Comice. — Arbre vigoureux, très fertile; convient aux grandes formes d'espalier et de plein vent, et aussi pour les formes moyennes. Fruit superbe et de qualité hors ligne.

Beurré-Aurore. — Arbre très fertile, de vigueur moyenne; vient à toutes les expositions; convient pour les formes petites et moyennes.

Duc-de-Bordeaux. — De vigueur moyenne, très fertile, pour les formes moyennes; fruit de bonne qualité.

Soldat-laboureur. — Vigoureux et fertile; fruit énorme qui se conserve très bien. Convient pour les grandes formes d'espalier et de plein vent. Poire d'assez bonne qualité.

Nouveau Poiteau. — Arbre très vigoureux, propre aux plus grandes formes d'espalier et de plein vent. Poire superbe, a l'inconvénient de blettir.

Beurré Picquery. — Très vigoureux et fertile; pour les grandes formes d'espalier et de plein vent. Beau et bon fruit. Exposition à l'est et à l'ouest.

Maréchal de la Cour. — Arbre vigoureux et fertile, venant à toutes les expositions; convient pour les grandes formes d'espalier et de plein vent. Fruit de première qualité et se conservant longtemps.

Beurré d'Anjou. — Vigoureux et fertile; propre aux grandes formes d'espalier et de plein vent, s'il est greffé sur franc. Greffé sur cognassier, doit être réservé pour les formes moyennes. Assez bonne poire.

En décembre :

Beurré Clairgeau. — Arbre très faible; donne des fruits de bonne qualité et d'une grosseur énorme, les plus beaux que l'on ait après la Belle-Angevine. Nous conseillerons de greffer les boutons à fruits sur des arbres vigoureux, le Beurré-Diel, Crassane etc.

Beurré Diel. — Vigoureux et fertile, propre à toutes les grandes formes, et venant à toutes les expositions. Beau fruit et d'excellente qualité.

Crassane. — Très vigoureux, mais difficile à mettre à fruits. Exposition au sud et au sud est. Dure peu, greffé sur congassier; il y aurait avantage à l'affranchir.

Figue d'Alençon. — Arbre vigoureux et fertile, propre à toutes les grandes formes d'espalier et de plein vent; fruit d'assez bonne qualité

Triomphe de Jodoigne. — Arbre fertile; devient vigoureux, au bout de quelques années, et donne de beaux et excellents fruits. Vient à toutes les expositions et est propre aux grandes formes.

Passe-Crassane. —Vigoureux et fertile, propre à toutes les formes; fruit de qualité hors ligne et se gardant longtemps. Variété dont on ne saurait avoir en trop grande quantité.

En décembre, janvier, février.

Doyenné d'Alençon. — Arbre vigoureux et fertile; convient ax grandes formes d'espalier et aux formes moyennes pour le plein vent. Fruit excellent, assez gros, qui se garde jusqu'en avril.

Doyenné d'Arenberg. — Vigoureux et fertile; convient pour toutes les formes d'espalier, surtout à l'ouest. En plein vent, il serait nécessaire d'attacher les branches, pour qu'elles ne soient pas ballottées par les vents.

Passe-Colmar. — Arbre faible, très fertile; propre aux petites formes d'espalier et de plein vent; fructifie à toutes les expositions. Fruits de qualité hors ligne, se gardent longtemps. Plus gros en cordons unilatéraux.

Kessoy. — Très fertile et de vigueur moyenne; propre aux formes moyennes d'espalier et de plein vent. Fruit pas très gros, excellent.

Joséphine de Malines. — Arbre de vigueur moyenne, fertile, convient pour les formes moyennes; donne de beaux fruits en cordons unilatéraux. La poire est petite, mais excellente, et elle se garde longtemps.

De janvier à mai et juin.

Doyenné d'hiver. — Arbre de vigueur moyenne, très fertile; propre aux petites formes d'espalier et de plein vent; fructifie à toutes les expositions, sous un climat chaud. Autant que possible on donnera à cette variété une place abritée dans les régions un peu froides. Fruit superbe et excellent.

Bergamote Esperen. — Arbre vigoureux, fertile, propre aux grandes formes d'espalier et de plein vent. Fruit pas très gros, mais délicieux, que l'on conserve jusqu'au mois de mai et même au mois de juin.

Comme fruits à cuire, nous indiquerons les variétés ;

Catillac. — Arbre vigoureux et fertile, qui vient à toutes les expositions de plein vent. Le Catillac est particulièrement destiné à recevoir des greffes de boutons à fruits d'arbres faibles.

Bon-Chrétien d'hiver. — Arbre vigoureux et fertile. La meilleure des poires pour compotes.

En outre du Bon-Chrétien, nous signalerons comme poires à cuire, ou propres aux compotes, au séchage, à la confiserie, et à diverses préparations économiques :

Blanquet. — Petites poires à demi croquantes, parfois juteuses, toujours sucrées, parfumées. Agréables à manger crues. Mûrissent de juin en août.

Rousselet de Reims. — Bonne petite poire de table, utilisée dans le séchage, la poire tapée, le fruit à l'eau-de-vie, le fruit cuit au four, le fruit entier confit au sucre. Mûrit en septembre.

Beurré d'Angleterre. — Fruit excellent en confitures, en poires tapées, en compote de fruits entiers.

Beurré Capiaumont. — Arbre tres productif, au jardin ou au verger, fruit moyen d'octobre; se prête au séchage, à la cuisson à l'eau acidulée, conserve à l'eau-de-vie.

Curé. — Arbre vigoureux. Dans les situations froides, ce fruit, qui mûrit d'octobre à décembre, manque de saveur; c'est le cas de l'utiliser au four.

Messire Jean. — Arbre vigoureux. Maturité novembre et décembre. C'est la poire par excellence cuite au four.

Martin sec. — Variété recherchée pour la poire tapée, la poire sèche, la compote de fruits entiers.

Ces arbres, généralement destinés à la grande production, ont plutôt leur place au verger de plein vent qu'au jardin.

Parmi les poires d'apparat nous citerons les variétés suivantes :

Belle Angevine. — Arbre vigoureux, assez fertile, fruit très gros, parfois énorme, beau de forme et de coloris. Le mérite de cette poire réside seulement dans sa beauté, car sa chair est sans saveur. Maturité en février et mars.

Van Marum. — Arbre d'une vigueur modérée, fruit très

gros; chair assez fine, fondante, quelquefois pâteuse. Maturité en octobre.

RÉCOLTE DES POIRES.

On choisira, pour procéder à la récolte des fruits, un temps sec et beau. Le fruit cueilli à point, ni trop vert ni trop mûr, et par une température convenable, se conserve mieux et sa qualité est meilleure.

L'expérience apprend à discerner le moment où il sera temps de procéder à la récolte. En général, ce moment est venu lorsque le fruit se détache de la branche sans un effort sensible.

On pourra, dans le jardin fruitier, quelque temps avant la récolte, retrancher graduellement un certain nombre de feuilles autour des fruits les plus beaux, afin de les exposer plus complètement à l'action de l'air et du soleil; ils acquerront anisi un coloris plus vif.

La poire d'été sera cueillie dès qu'elle commencera à jaunir, et afin qu'elle achève sa maturité, on la mettra dans un endroit sec et couvert, à l'ombre, sans être froid. La phase extrême de la maturation s'annonce par un changement de coloris et par un dégagement de parfum.

La poire d'été blettira d'autant moins vite qu'elle aura été cueillie avant sa complète maturité; cette époque est indiquée par le détachement des premiers fruits mûrs.

La poire d'automne devra, avant d'être cueillie, avoir atteint tout son volume, si l'on veut qu'elle ne se flétrisse pas et qu'elle ait tout son parfum. Lorsque ce moment approchera, on verra s'accentuer la ligne de démarcation entre le pédoncule et la branche; il semblerait que le fruit a hâte de quitter l'arbre.

L'épiderme du fruit prend, à ce moment, un ton plus clair et plus coloré, plus luisant.

Si les fruits à cueillir sont nombreux, on pourra opérer en plusieurs fois. On commencera par les arbres les moins vigoureux, les plus âgés, ou plus particulièrement exposés au soleil.

Certaines variétés, si elles sont cueillies prématurément, mais en temps opportun, cependant, seront moins grosses et prolongeront leur maturité ; telles sont les duchesses ; d'autres, comme les *Soldat laboureur* et *Beurré Diel*, quoique cueillies vertes, deviennent jaunes et mûrissent.

Les poires d'hiver cueillies trop tôt se rident avant l'élaboration des sucs intérieurs, la chair devient sans saveur ; cueillies trop tard, elles se gardent moins longtemps, la chair est farineuse et manque de goût. Ainsi que le fait remarquer M. Baltet, à qui nous empruntons ces observations, l'expérience apprendra à discerner le moment où la végétation ayant cessé, le fruit se dispose à quitter la branche.

Les poires, surtout les poires d'hiver, devront être maintenues intactes de toute blessure. Plus longtemps elles se conserveront, plus elles auront de valeur.

Nous indiquerons ultérieurement comment les fruits peuvent être conservés dans le fruitier.

CHAPITRE X

MALADIES DU POIRIER

Le poirier, comme tous les corps organisés, est sujet à des maladies, dont les unes sont imputables a l'homme lui-même, les autres aux insectes et à diverses causes qu'il n'est pas toujours facile de déterminer.

La nécrose est très fréquente sur les poiriers ; elle commence presque toujours par un onglet dont le bois a été pressé, dont l'écorce a été déchirée par le sécateur. Peu à peu la nécrose descend, envahit la branche, qui ne tarderait pas à se décomposer et à périr, si l'on n'avait soin d'arrêter le mal dans ses progrès. Il faut sacrifier le rameau, sans hésitation, afin de n'avoir pas, plus tard, à sacrifier la branche elle-même.

Les ulceres se produisent quelquefois sur les arbres à pépins, mais c'est surtout sur les arbres à fruits à noyaux, le pêcher et l'abricotier, qu'on les rencontre. Ils ont pour cause ordinaire une coupe mal faite opérée avec un instrument qui a meurtri, déchiré le corps ligneux. La plaie, qui va s'accroissant, laisse couler un liquide noir et âcre.

Lorsque l'ulcère n'est encore que superficiel, il est possible de le guérir : on avive avec une serpette bien tranchante toute la partie malade; on frotte cette partie dans toute son étendue avec de l'oseille, et, au bout de quelques jours, si l'écoulement n'a pas reparu, on recouvre avec du mastic à greffer. Dans le cas où l'écoulement ne cesserait pas, on recommencerait à aviver la plaie et à cautériser.

Lorsque l'ulcère atteint les couches profondes, la cautérisation devient très difficile.

Il arrive encore qu'on voit sur un arbre une branche dont les feuilles pâles attestent un état de souffrance.

Le mal, en ce cas, provient neuf fois sur dix d'une blessure qui a été infligée d'un coup de bêche à la racine correspondant à cette branche. Le remède consiste à tâcher de découvrir cette racine, à la couper au-dessus de l'ulcère, de façon que le talon porte bien sur la terre, afin qu'il se forme promptement un nouveau bourrelet.

Les chancres viennent ordinairement à la suite de coups, de meurtrissures, quelquefois aussi à la suite de grêle, d'un brusque changement de température. Cette maladie se manifeste par une désorganisation de l'écorce, qui d'abord se boursoufle, puis se déchire et se décompose en poussière. Le corps ligneux ne tarde pas à être lui-même attaqué, et enfin la plaie gagnant tout le contour de la branche ou de la tige, celle-ci se dessèche et meurt.

On traite le chancre comme l'ulcère. Nettoyer bien la plaie, gratter l'écorce et le bois jusqu'au vif, frotter avec de l'oseille, et recouvrir de mastic.

Si la branche attaquée était peu considérable, nous conseillerions de la supprimer au-dessous du point malade. D'ailleurs, si un arbre s'annonce avec de nombreux chancres, le mieux serait de la remplacer.

La chlorose, qu'on appelle aussi *la jaunisse*, a pour cause l'état maladif des racines qui sont ou attaquées par les vers blancs, ou dans un sol de mauvaise qualité. Lorsqu'un arbre est atteint de cette affection, ses feuilles jaunissent, ses bourgeons s'étiolent et cessent de croître.

Lorsque la maladie est déterminée par l'état du sol, le remède est facile : on arrose les feuilles deux ou trois fois, à quelques jours d'intervalle, avec de l'eau mélangée de 2 ou 3 grammes de sulfate de fer; 2 ou 3 grammes par litre d'eau. On fumera abondamment, et quelques arrosements à l'engrais liquide achèveront la guérison.

Mais si le mal tient à la mauvaise qualité du sous-sol et que les racines ne puissent y trouver leur nourriture, il n'y aura d'autre remède que d'enlever la terre jusqu'à un mètre au moins de profondeur, et de la remplacer par une autre meilleure. Cette opération, qui ne peut être faite que pendant le repos de la végétation, demande de grands soins et beau- de précautions.

La brûlure est fréquemment la conséquence de la chlorose; elle se manifeste alors par la dessiccation des bourgeons de prolongement. Un arbre dans cet état est certainement bien malade, et l'on n'a guère de chances de le sauver. Les remèdes seraient ceux que nous avons indiqués pour la chlorose.

Mais il arrive quelquefois que la dessiccation des bourgeons, durant les chaleurs, n'est qu'accidentelle, sans qu'on puisse bien en préciser la cause. Dès qu'on s'aperçoit de cette dessiccation, on pratiquera une taille en vert, en se rapprochant de l'œil le plus élevé qui ne paraît pas malade. Cet œil se développera en faux bourgeon, et il servira pour continuer la charpente.

La sabine est un petit arbuste du genre du grenadier, et dont le voisinage occasionne aux poiriers une affection particulière. Les feuilles se couvrent de petits points noirs, tandis qu'en dessus il se forme des boursouflures dans lesquelles, avec le temps, on reconnaît de véritables champignons.

Animaux nuisibles. — *Les rats, les mulots* peuvent être détruits au moyen de petits pots dans lesquels on a mélangé de la noix vomique, ou du tord-boyaux, ou de la pâte phosphorée, et qu'on place contre les murs.

Lorsque les jardins ne sont pas entourés de murs, il est difficile d'en éloigner les lièvres et les lapins, surtout en temps de neige. Mais les arbres échapperont à leurs atteintes si, chaque année, vers le mois de novembre, on a la précaution de chauler la tige et les rameaux jusqu'à une certaine hauteur.

Si des loirs s'introduisent dans un jardin, on bouchera tous les trous, on visitera les vieux bâtiments où ils pourraient se retirer, et on tendra, pendant l'hiver, des ratières amorcées avec du lard grillé.

La brûlure des feuilles est causée par de petits insectes qui pénètrent dans les tissus de la feuille, qu'ils rongent. Les feuilles ainsi attaquées dépérissent et tombent.

On fait dissoudre 30 à 40 grammes de savon noir par litre d'eau, et on en asperge les feuilles, ou mieux on trempe le bourgeon dans la dissolution.

La rouille des feuilles est produite par la piqure d'un insecte qui pénètre dans le parenchyme de la feuille et la fait périr.

Tremper les feuilles dans une dissolution de savon noir.

On détruira de la même manière les pucerons verts et noirs qui s'attaquent aux jeunes feuilles, et dont les piqures ont pour effet de contourner les feuilles, de les déformer et d'arrêter leur croissance.

Le tigre est une sorte de petite punaise grise ou noire qui ronge la face inférieure des feuilles et occasionne leur dépérissement.

On détruit le tigre en aspergeant fortement les feuilles avec une solution de savon noir, pendant l'été, et, après la chute des feuilles, en chaulant l'arbre avec de la chaux éteinte délayée dans de l'eau, et à laquelle on aura ajouté 2 ou 3 grammes de sulfhydrate de soude par litre.

Les charançons coupent les jeunes bourgeons ; on trouve leurs œufs dans la partie coupée du bourgeon.

On ne connait d'autre remède que de leur donner la

chasse, et de rafraîchir avec la serpette, afin que la reprise soit plus prompte, la plaie faite par l'insecte.

Les chenilles dévorent les feuilles. On les détruit en grandes quantités en leur faisant la chasse et au moyen du savon noir.

Les fourmis arrivent toujours à la suite des pucerons. On les détruira, en même temps que les pucerons, avec une dissolution de savon noir. On en prendra encore en grand nombre en suspendant aux branches des arbres de petites fioles contenant de l'eau sucrée ou miellée, où elles viendront se noyer.

Les kermès, petits insectes qui forment comme une croûte sur la tige et les branches des arbres, sont très nuisibles. Ils s'attachent par véritables couches, vivant aux dépens de la sève. Si on n'y prenait pas garde, les arbres s'épuiseraient et périraient.

Le remède consiste à frotter la tige et les branches avec une brosse dure, afin d'en détacher le plus possible; puis on applique un chaulage avec cinq grammes de sulfhydrate de soude par litre d'eau.

Les hannetons mangent les feuilles; mais ce qui est plus redoutable que les hannetons, ce sont leurs larves, ou vers blancs qui dévorent les racines des plantes herbacées, et même celles des arbres.

C'est à peu près tous les trois ans que les hannetons s'abattent par nuées sur les arbres et en dissèquent les feuilles. L'insecte s'enfonce, ensuite, dans le sol, la femelle fait sa ponte avant de mourir; sa larve reste trois ans en serre et ronge les racines végétales, en attendant le moment de se transformer en insecte parfait.

Planter des laitues ou des fraisiers à proximité des arbres. Tant qu'ils auront des racines de fraisiers à manger, les vers blancs ne s'attaqueront point à celles des arbres. Quand la feuille de la plante se fane, on l'arrache et on trouve le ver aux racines.

Les frelons et les guêpes ne laissent pas que de faire du tort aux fruits. La vie de famille de ces hyménoptères permet de les combattre avec succès.

On anéantira le guêpier souterrain au moyen de l'introduction, le soir, de quelques gouttes de sulfure de carbone étendu d'eau. L'eau bouillante versée dans le nid des guêpes est un moyen usité, mais qui nécessite certaines précautions. Quant aux guêpes isolées, on les attire avec des fioles contenant de l'eau miellée que l'on accroche aux branches de l'arbre ; les guêpes viendront s'y noyer.

CHAPITRE XI

POMMIER.

Variétés de pommiers.

Le pommier aime un terrain frais, même un peu humide. Les terres meubles et douces, ou composées d'éléments différents, lui conviennent également. Aussi la plupart des variétés peuvent-elles être placées aux expositions du nord, nord-est et nord-ouest, ce qui permet de réserver pour les poiriers les expositions les plus favorables. Nous excepterons, toutefois, les Calville, les Canada et les Apis, qui demandent des expositions à la fois chaudes et ombragées.

Le pommier est greffé sur *pommier franc*, venu par semis de pépins, sur *pommier doucin*, et sur *pommier paradis*, multipliés par le marcottage.

Le plus vigoureux est le pommier franc, destiné aux formes en haute tige. Le pommier sur doucin, moins vigoureux, et le pommier sur paradis plus faible encore, sont réservés pour les formes en basse tige. Pour les arbres en cône, en espalier, on choisira le pommier sur doucin, et le pommier sur paradis pour les arbres nains, les petits vases et les cordons horizontaux. Les arbres greffés sur paradis donnent de beaux et bons fruits dès la troisième année ; mais la durée de ces arbres est beaucoup moindre que celle des arbres greffés sur franc ou sur doucin.

Les prolongements de la charpente du pommier et les rameaux à fruits se traitent comme ceux du poirier. Cependant, les yeux de la base des prolongements du pommier ayant, plus que chez le poirier, tendance à s'éteindre, on taillera ces prolongements plus courts. Si les arbres sont à formes horizontales, on supprimera le tiers environ des prolongements, et moitié si la direction est verticale. De même pour les rameaux à fruits, on pourra tailler plus court, sans qu'on ait à craindre que l'arbre en souffre. En général, on pourra pincer sur trois feuilles et faire des cassements sur quatre feuilles

Le pommier peut être soumis aux diverses formes que nous avons indiquées pour le poirier ; mais les formes horizontales sont celles qui lui conviennent le mieux, à cause de la tendance qu'auraient les prolongements à se dénuder par la base. Nous avons particulièrement indiqué les cordons unilatéraux comme favorisant son développement et sa protection.

La forme en cône peut être, comme les autres grandes formes, appliquée au pommier, mais il se prête moins bien que le poirier à ces dispositions. Quand on voudra donner à la charpente des pommiers une certaine étendue, il sera préférable de les greffer sur doucin et de les soumettre à la forme en vase ou gobelet, à branches croisées.

Lorsqu'on établira des cordons horizontaux sur un terrain en pente, on aura soin de diriger la tige vers le sommet de cette pente, afin de ne pas empêcher l'allongement de ces tiges.

Au nombre des espèces à cultiver, nous signalerons, mûrissant :

En septembre et octobre,

La Belle Dubois. — Arbre de vigueur moyenne; fruit énorme, la plus grosse des pommes, comme la belle Angevine est la plus grosse des poires.

En novembre,

Empereur Alexandre. — Arbre vigoureux, fruit magnifique et de bonne qualité.

Belle fille de Boutervilliers. — Arbre vigoureux, fertile, qui produit des fruits énormes, d'un goût un peu acide.

Calville Saint-Sauveur. — Arbre vigoureux et fertile; fruit très gros.

Belle-Joséphine. — Arbre très vigoureux et très fertile; fruit un peu acide, d'un volume superbe.

Reinette d'Angleterre. — Très bon fruit, se conservant jusqu'en mars; arbre vigoureux et fertile.

En décembre,

Reine des reinettes. — Arbre de vigueur moyenne; fruit excellent, se conservant jusqu'en avril.

Reinette de Canada. — Arbre vigoureux et fertile; fruit superbe et de bonne qualité, se conservant jusqu'en février et mars.

Reinette de Bretagne. — Arbre d'une vigueur moyenne; fruit d'excellente qualité.

En janvier, février, mars, avril, mai,

Api rose. — Arbre très fertile; fruit petit, de bonne qualité et se gardant longtemps.

Api noir. — Cet arbre, comme le précédent, est de vigueur moyenne; il aime les expositions chaudes et un peu ombragées.

Calville blanc. — Arbre de vigueur moyenne, très fertile; fruits très estimés.

Calville rouge. — Arbre faible, très fertile; donne des fruits excellents et superbes.

Reinette grise d'Hennebont. — Arbre fertile et vigoureux; fruits d'excellente qualité, se conservant jusqu'en mars et avril.

Royale d'Angleterre. — Arbre fertile et vigoureux; fruit remarquable par son volume.

Reinette Thouin. — Arbre de vigueur moyenne, très fertile; fruit de grosseur moyenne, mais excellent, se conservant jusqu'en mai.

Reinette grise haute Bonté. — Arbre vigoureux et fertile; fruits d'excellente qualité qui ont l'avantage de se conserver très longtemps.

Reinette de Caux. — Arbre de vigueur moyenne, très fertile, très beaux fruits, d'assez bonne qualité.

Reine de Bretagne. — Vigoureux, très fertile; fruits très gros et magnifiques.

Pomme du Roirie. — Arbre de vigueur moyenne, fertile; excellent fruit, pas très gros; se gardant longtemps.

Reinette du Mans. — Arbre de vigueur moyenne, fertile; fruits excellents et de très longue garde.

Reinette d'Anjou. — Arbre de vigueur moyenne; fruits d'excellente qualité, se conservant jusqu'en avril et mai.

Nous avons, comme pour les poiriers, indiqué la vigueur de chaque variété de pommiers afin qu'on puisse donner à chacune la forme qui lui convient le mieux, et que, dans les plantations de cordons unilatéraux où les arbres sont destinés à être greffés par approche, on les place par ordre de force. Nous ferons remarquer, toutefois, que M. Du Breuil, après avoir longtemps conseillé cette greffe par approche, a cessé d'en être partisan. Nous persistons à la considérer comme avantageuse, à la condition que les arbres soient, comme nous disons, plantés par ordre de vigueur.

Le pommier prospère sur les montagnes de l'Auvergne et des Pyrénées, dans les herbages de la Normandie, en Bretagne, dans les plaines et les vallées des Flandres, en Allemagne, en Russie. La limite nord du pommier en Europe est en Suède et en Russie, au 66° degré de latitude; sa limite sud est au midi de l'Italie.

Le fruit du pommier est plus gros dans les vallées humides, mais plus savoureux sur les collines et les terrains non submergés. Le cidre provenant des pommes de vallées est toujours de qualité inférieure.

Les variétés de *pommes à cidre* se comptent par milliers; mais toutes ne sont pas également bonnes. En pressurant une pomme, elle donne du jus, mais souvent ce jus ne produirait qu'un cidre sans couleur ni saveur.

Le cidre n'est parfait qu'à la condition d'être clair, limpide, d'une belle couleur ambrée, d'un goût piquant, sans acidité. Pour l'obtenir tel, les cultivateurs de la Normandie vous diront qu'il faut brasser ensemble des pommes parfumées, des pommes douces ou sucrées et des pommes amères, dans la proportion d'une partie des premières pour deux parties de chacune des deux autres.

Ce mélange est basé sur cette observation que les pommes douces fournissent le sucre qui se transforme en alcool, les pommes parfumées rendent la boisson agréable au goût, et enfin les pommes amères apportent le principe conservateur du cidre. Ajoutons que cette combinaison n'est pas absolument rigoureuse. Il existe des variétés sucrées et amères, plus ou moins parfumées, suffisamment riches en alcool et en tannin, qui donnent à elles seules un cidre d'assez bonne qualité.

Pour avoir du cidre de conserve, on mélange un tiers de fruits doux et deux tiers de fruits amers; mais il est expressément recommandé de n'employer que des fruits sains, bien mûrs et exempts de pourriture.

L'influence du sol sur la qualité du cidre est manifeste. Dans le Calvados, le cidre de la vallée d'Auge est capiteux et de bonne garde, tandis que le cidre du Bessin et de la plaine de Bayeux, qui provient de marnes irisées, se conserve moins longtemps, quoiqu'il soit agréable à boire.

Depuis quelques années, les plantations de pommiers *à haute tige* ont pris un développement si considérable qu'il ne sera peut-être pas inutile d'en dire quelques mots.

Avant de planter le pommier à haute tige, on rapproche les branches, de façon à ne laisser à chacune qu'une longueur de 20 à 30 centimètres; on conserve les brindilles, afin d'attirer la sève.

Dans le verger, les arbres seront plantés à 9 mètres de distance sur la ligne, et les lignes seront espacées de 9 à 10 mètres.

Quand on plante dans un champ, il serait bon de ne former qu'une seule ligne qui fera le tour du champ.

Si l'on plante au milieu du champ, on fera courir les lignes du midi au nord.

On attendra pour greffer que les racines aient eu le temps de se développer dans le sol; une année suffit généralement pour que ce développement s'opère. Plus on greffe haut, moins les arbres sont vigoureux. On pourra greffer à 1 mètre du sol.

Quand l'arbre sera en production, il suffira d'une visite, chaque année, pendant l'hiver, pour enlever les branches inutiles et faciliter la circulation de la lumière. On pratiquera, en même temps l'échenillage et on fera disparaître les touffes de gui. Nous avons vu plein des voitures de ces guis qu'on transportait du pays de Dol à Saint-Malo, pour les expédier en Angleterre où on les recherche pour les fêtes de Noël.

Il arrive souvent que des cultivateurs sont embarrassés de leurs marcs de pommes. Ils ignorent que ce marc est un excellent engrais pour les arbres. Frère Henri, que nous avons eu déjà occasion de citer, raconte qu'un jour il remarqua qu'un tas de marc de pommes, dont la base recouvrait le pied de plusieurs pommiers faisant tête d'une pépinière, avait donné aux sujets dont la souche se trouvait recouverte par ce marc un développement double et triple de celui des autres restés en dehors de cette condition.

Plus tard, il fit répandre entre les vieilles souches épuisées d'une oseraie, à peu près une épaisseur de vingt-cinq centimètres de vieux marc. Dans l'année même, les souches qui, depuis longtemps, ne donnaient que des brins chétifs, produisirent une végétation extraordinaire qui se continua les années suivantes.

L'épreuve était faite et Frère Henri étendit cette sorte d'engrais au pied de quatre cents arbres à fruits à pépins, tant poiriers que pommiers.

Voici comment il procéda :

Au pied des arbres, grands comme petits, sur un rayon de 60 centimètres environ, il enleva la terre jusqu'à l'apparition des principales racines, et il fit mettre en place de cette terre la valeur d'une petite *brouettée de terrassier*, ou si l'on veut de trois ou quatre *fourchées* de marc, selon la plus ou moins grande profondeur à remplir.

Après avoir légèrement appuyé du pied, la couche de terre enlevée fut remise sur le marc ; l'excédent de terre fut étalé sur les plates-bandes.

Les résultats obtenus par cet engrais furent remarquables.

Peut-être serait-il préférable que l'emploi du marc de

pommes ne fût fait qu'après avoir été mis préalablement en tas, afin qu'une fermentation se déclarât pour exciter le dégagement nécessaire de certains principes acides ou autres et qu'on ne s'en servît qu'au moment où commence la germination.

Maladies des pommiers.

Le pommier est exposé aux mêmes maladies, aux mêmes ennemis que le poirier. Mais il a, de plus que le poirier, un ennemi particulier et redoutable, c'est le *puceron lanigère.*

Le puceron lanigère, ainsi appelé à cause du duvet blanc et laineux qui le recouvre, fut, dit-on, importé d'Amérique en Angleterre, avec un envoi d'arbres, vers le commencement de ce siècle. Cet insecte attaque les rameaux dont il absorbe la sève, occasionne des exostoses sur les branches, et, pendant l'hiver, va se cacher autour du collet de la racine. Les branches attaquées languissent et l'arbre lui-même peut périr.

On a conseillé pour arriver à la destruction de cet insecte de couper sur le sujet tous les rameaux inutiles, puis de laver soigneusement avec une éponge imbibée de jus de tabac les parties malades.

Un autre moyen, que nous avons employé avec efficacité, est celui-ci :

Aussitôt qu'on s'aperçoit de la présence du puceron lanigère, frotter toutes les parties attaquées avec une brosse trempée dans de l'huile ou une solution de sulfhydrate de soude (4 grammes par litre d'eau), et, à la chute des feuilles, chauler l'arbre avec la même dissolution, quand même le puceron aurait disparu.

Si, l'année suivante, le puceron lanigère revient, on recommencera l'opération.

Nous avons vu faire usage d'huile de pétrole, et le résultat a été satisfaisant.

CHAPITRE XII

PÊCHER.

Culture, formes, taille et variétés du pêcher.

Le pêcher, dont les fruits sont si beaux, si suaves et si parfumés, n'est pas difficile sur la qualité du sol. Dans les terres humides ou peu profondes, le pêcher greffé sur amandier pousse d'abord vigoureusement, mais la gomme ne tarde pas à survenir et à ruiner l'arbre.

Le pêcher greffé sur franc est moins vigoureux que l'amandier; mais, ses racines étant moins pivotantes, il réussit dans les sols moins profonds et plus compacts. Dans les sols peu profonds ou très compacts, où ni l'amandier ni le pêcher franc ne prospéreraient, on emploie le prunier pour greffer les pêchers. Dans ce cas, on devra choisir les pruniers de semis qui n'offrent pas, comme le prunier provenant de drageons, l'inconvénient de produire constamment au pied des bourgeons qui les épuisent.

Enfin, si le sol est de mauvaise qualité, on a la ressource de planter des pêchers greffés sur épine noire, et on récoltera des fruits, l'arbre fût-il planté dans la craie ou dans l'argile.

Le pêcher s'accommode assez facilement de tous les climats; mais on choisira, de préférence, les variétés qui conviennent à la contrée qu'on habite.

Les meilleures expositions sont l'est et l'ouest, le levant et le couchant. Le nord est trop froid et le midi généralement trop chaud. Cependant, il faudrait choisir le midi pour les variétés précoces, comme pour les variétés tardives; il est, en outre, certaines variétés qui réussissent mieux au midi.

On plantera, de préférence, des sujets de force moyenne, des sujets de deux ans, qui offrent l'avantage d'une reprise presque certaine.

Dans la région du midi, le pêcher peut être cultivé en plein vent et soumis à toutes les formes. A partir du centre on le cultivera en espalier.

Le pêcher pousse très vite, acquiert un grand développement, et a une tendance à s'emporter par le haut. On devra donc, en règle générale, choisir des formes qui lui permettent de s'étendre, et surtout des formes à lignes horizontales. Mais, tout le monde n'ayant pas un jardin où l'on puisse donner aux pêchers un développement de six à huit mètres, on est obligé de recourir aux petites formes, malgré les inconvénients qu'elles présentent.

Cordon vertical. — On plante à 30 centimètres sur la ligne, et, à la taille, on supprime un tiers de la hauteur. On coupera sur un ou deux yeux les faux bourgeons qui existeraient sur la tige, afin qu'ils donnent du fruit l'année suivante. Si ces bourgeons sont trop nombreux, on en fera disparaître, en supprimant ceux qui sont en avant et même de côté.

En général, au pincement court, celui que nous pratiquerons sur le pêcher, la branche de charpente devra porter trois branches à fruits par étendue de $0^{m},15$, une branche de chaque côté, et une en avant; on réduira à une, s'il y en a deux.

Si le prolongement est vigoureux, on pourra, chaque année, allonger d'un mètre. Lorsque l'arbre sera complètement formé, il sera bon de le rabattre, tous les trois ou quatre ans, de 35 à 40 centimètres, sur une branche à fruit qui formera le nouveau prolongement; on évitera ainsi les têtes de saule.

Mais nous le répétons, cette forme est incompatible avec la manière de végéter du pêcher. Ce ne sera qu'à force de mutilations qu'on maintiendra l'arbre dans d'aussi étroites limites; et ces mutilations amèneront infailliblement la gomme.

Cordons obliques. — La sève trouve dans l'oblique un peu plus à s'étendre que dans le cordon vertical; néanmoins cette forme est peu avantageuse, et, comme pour la précédente, on ne devra planter que des pêchers faibles.

On plante à 75 centimètres et on incline, à la plantation, sur un angle de 60 degrés, en attachant sur les lignes que l'on aura eu soin de tracer d'avance sur les murs. A la taille en sec, on supprimera environ le tiers de la longueur totale; les faux bourgeons seront coupés sur un œil ou deux et l'on fera disparaître ceux qui seraient superflus. L'allongement annuel sera le même que pour le cordon vertical.

Palmette en U. — Cette forme convient pour les murs très élevés; mais on aura encore, comme pour les formes précédentes, à lutter contre la vigueur des prolongements.

Un écartement de 30 à 35 centimètres entre les branches étant suffisant, on plantera à une distance de 70 ou 80 centimètres. A la taille, on rabattra à 35 centimètres au-dessus du sol; et, parmi les bourgeons qui naîtront au-dessous, on en choisira deux, un de chaque côté. Au moyen d'une baguette flexible, on dessinera un U et on dirigera les bourgeons sur l'une et l'autre branche de la baguette. Les autres bourgeons seront supprimés, on maintiendra l'équilibre entre les deux côtés au moyen des inclinaisons et des pincements. L'allongement pourra être d'un mètre par an.

Palmette à quatre branches ou U double. — La formation est la même que celle du poirier. On dessine, comme toujours, sur le mur, la forme de l'arbre. L'année même de la plantation, on rabat à $0^m,40$ du sol; on prend à $0^m,35$ deux bourgeons, l'un à droite et l'autre à gauche.

Lorsque ces deux bourgeons ont atteint de 8 à 10 centimètres, on les palisse horizontalement sur les baguettes de la charpente; puis, comme pour le poirier, on relève verticalement leur extrémité, et on les laisse croître ainsi jusqu'à une longueur de 12 à 15 centimètres. Alors, on les incline sur les baguettes décrivant l'U, mais de telle sorte que, à la naissance de l'U, il se trouve une feuille en dessus et, un peu plus haut, une feuille en dessous.

A la taille en sec, on rabat à 25 centimètres environ au-dessus du point de bifurcation.

L'année suivante, on pourra allonger de 60 à 70 centimètres, sans qu'il soit nécessaire d'opérer une taille en vert.

Candélabre. — On plante à 2 mètres de distance; on

choisit deux bourgeons qu'on conduit horizontalement sur les lignes de la charpente; et, sur ces branches, on élève six montants, trois de chaque côté.

Palmette simple. — Forme gracieuse, facile à obtenir, celle qu'on rencontre le plus fréquemment dans les jardins. On rabat de façon à avoir trois bourgeons, dont l'un, le plus élevé, sera palissé verticalement, pour former la tige, tandis que les deux autres seront couchés horizontalement. On maintiendra le bourgeon vertical assez court, afin que les bourgeons placés horizontalement puissent se développer.

La distance entre chaque étage sera de 30 centimètres; on pourra commencer un nouvel étage lorsque les branches de l'étage inférieur auront atteint une longueur de 30 centimètres. Il sera donc possible de monter de deux étages par an, à partir de la première année.

Palmette Verrier. — On procèdera comme pour le poirier, avec cette différence qu'à raison de la vigueur du pêcher, on pourra marcher plus vite.

Avec la palmette à branches horizontales et la palmette Verrier, la sève peut s'étendre et l'arbre fructifie. Mais la forme par excellence pour le pêcher est la palmette à branches courbées; et, après la palmette à branches courbées, l'éventail.

Palmette à branches courbées. — On commence par dessiner la forme sur le mur, avec des gaules, ou mieux des lattes de sciage. On plante, de préférence, un sujet de deux ans, on recèpe à environ 30 à 40 centimètres du sol. On élève deux bourgeons, un à droite, l'autre à gauche de la tige, et lorsque ces bourgeons, qu'on a tenus droits pour favoriser leur développement, ont acquis une certaine longueur, on les abaisse et on les palisse horizontalement sur la première ligne AB.

A la taille d'hiver, on supprime seulement quelques centimètres de l'extrémité du prolongement afin de provoquer une pousse vigoureuse. On conduit le nouveau prolongement sur les lignes CE.

Par le seul effet de la courbure aux points C, il naîtra deux bourgeons qui formeront les branches CDF. En même temps, on formera les trois branches du bas se dirigeant vers le centre, en taillant les rameaux à fruits sur un œil à bois.

On continuera, l'année suivante, la formation de la char-

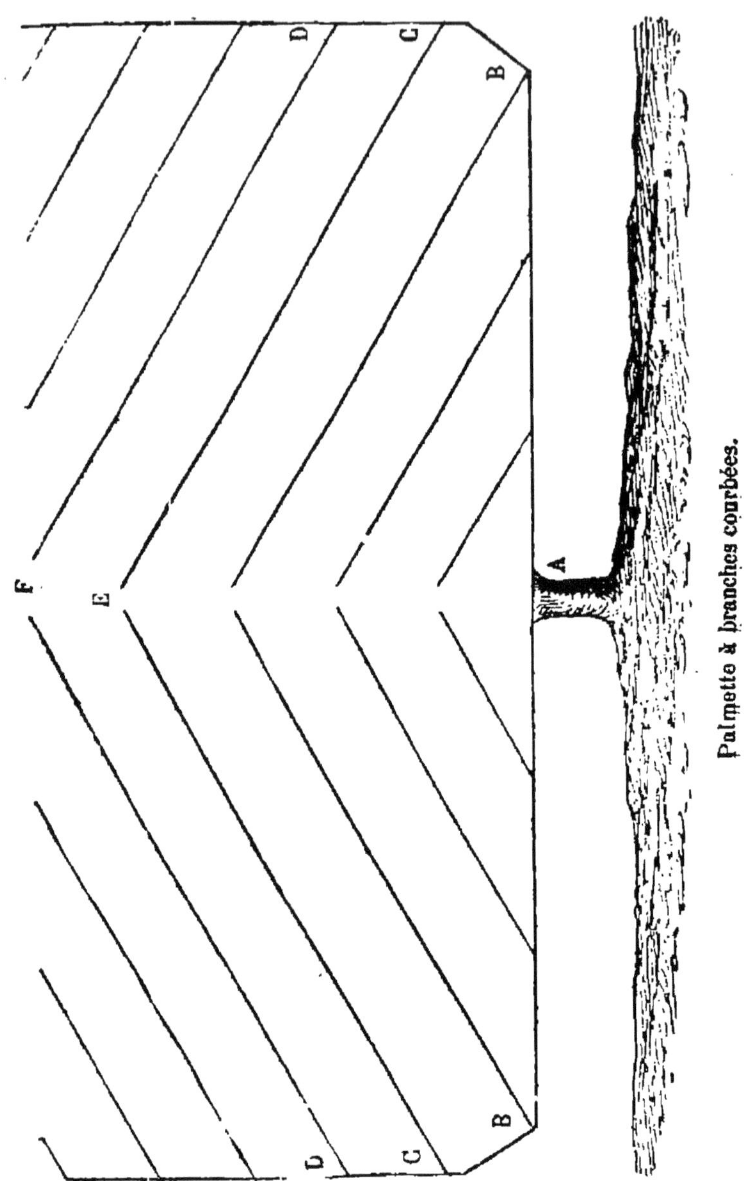

Palmette à branches courbées.

pente, en procédant comme on a fait pour les deux premières et principales branches.

La cinquième année, l'arbre couvrira le mur et sera à

fruits de la base au sommet; et cela, sans qu'on ait eu à

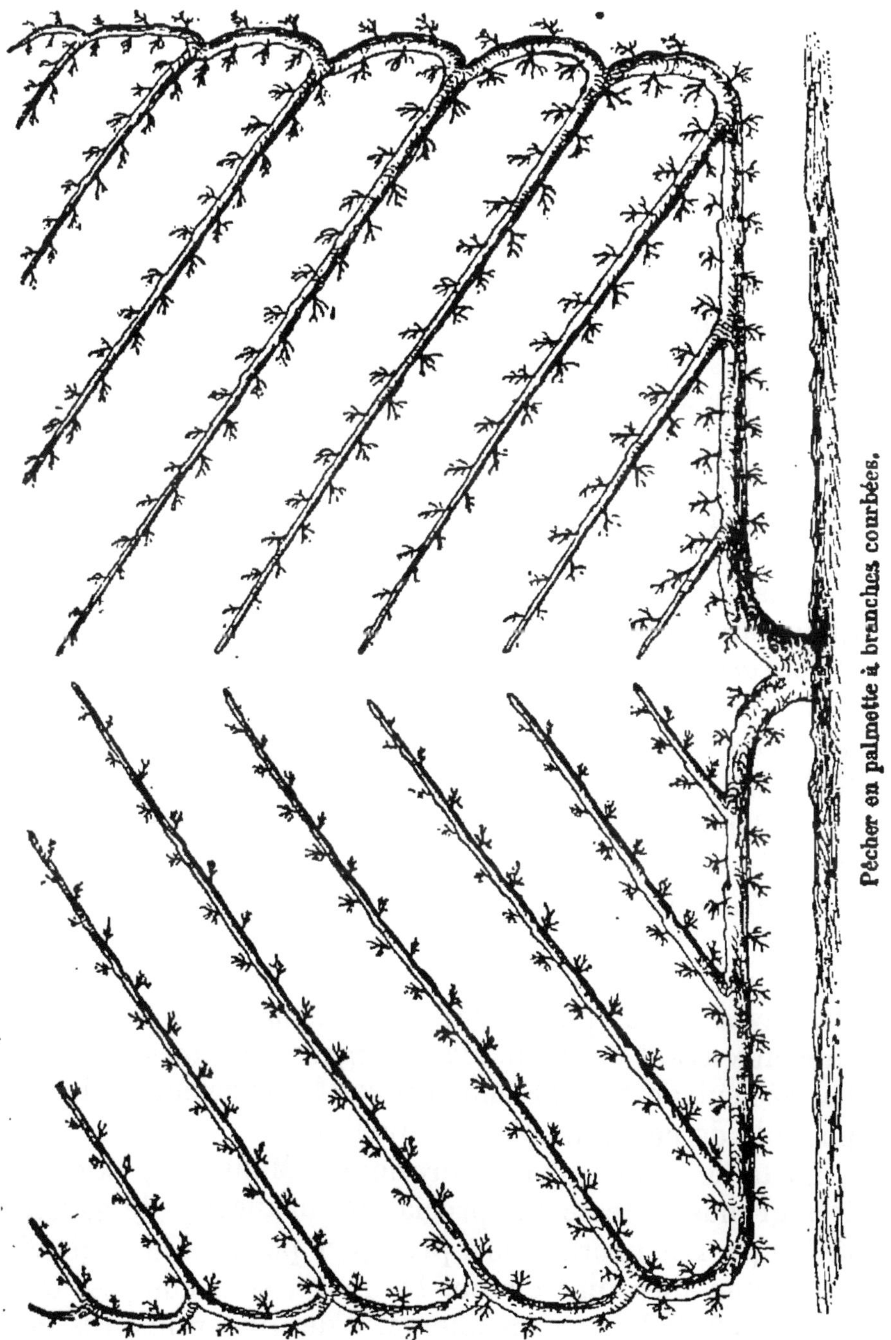

Pêcher en palmette à branches courbées.

opérer d'amputations, puisqu'il aura suffi de supprimer

quelques centimètres seulement de l'extrémité des prolongements pour assurer le développement de tous les yeux de la base.

Éventail. — Comme pour la palmette à branches courbées, on recèpe et on élève deux bourgeons qu'on palisse sur la première tige, pour former le premier étage. Par l'effet de la courbure, il naît plusieurs bourgeons aux points de cette courbure ; on en choisit un vigoureux de chaque côté, et, après avoir supprimé les autres, on le conduit sur la ligne.

On a ainsi formé le second étage. On formera de même les étages supérieurs. La quatrième année, on taillera sur un œil à bois les rameaux qui devront former les branches intérieures ; à la cinquième, le mur entier sera couvert.

A mesure que se développera la charpente, on appliquera aux bourgeons latéraux les opérations de la taille, afin de les convertir en rameaux à fruits. La première de ces opérations consistera à *éborgner* les yeux du prolongement qui seraient placés contre le mur. Ensuite, on procédera à l'*ébourgeonnement*, c'est-à-dire qu'on enlèvera les bourgeons doubles ou triples qui naîtront sur les yeux qu'on aura conservés, au-dessus au-dessous et au milieu du prolongement ; on n'en conservera qu'un seul.

On laisse pousser les autres, et, le moment venu, on procède au *pincement*.

La fructification sur le pêcher n'a lieu que sur le bois d'un an, c'est-à-dire sur le bois de l'année précédente ; et tout rameau qui a fructifié ne portera plus jamais de fruits. On devra donc, par la taille, faire naître à la base des rameaux ayant des fruits des bourgeons destinés à fructifier l'année suivante, et obtenir que ces fruits soient le plus près possible de ces nouvelles productions.

La taille, telle qu'on la pratique à Montreuil, exige une très grande justesse d'appréciation, beaucoup de savoir et de temps. Les opérations à pratiquer pendant la végétation sont pour ainsi dire de tous les jours, sans compter qu'on est obligé de laisser un intervalle de 70 centimètres entre les branches pour le palissage des bourgeons.

La taille par le pincement long était généralement employée, lorsque M. Grin, de Chartres, imagina une nouvelle

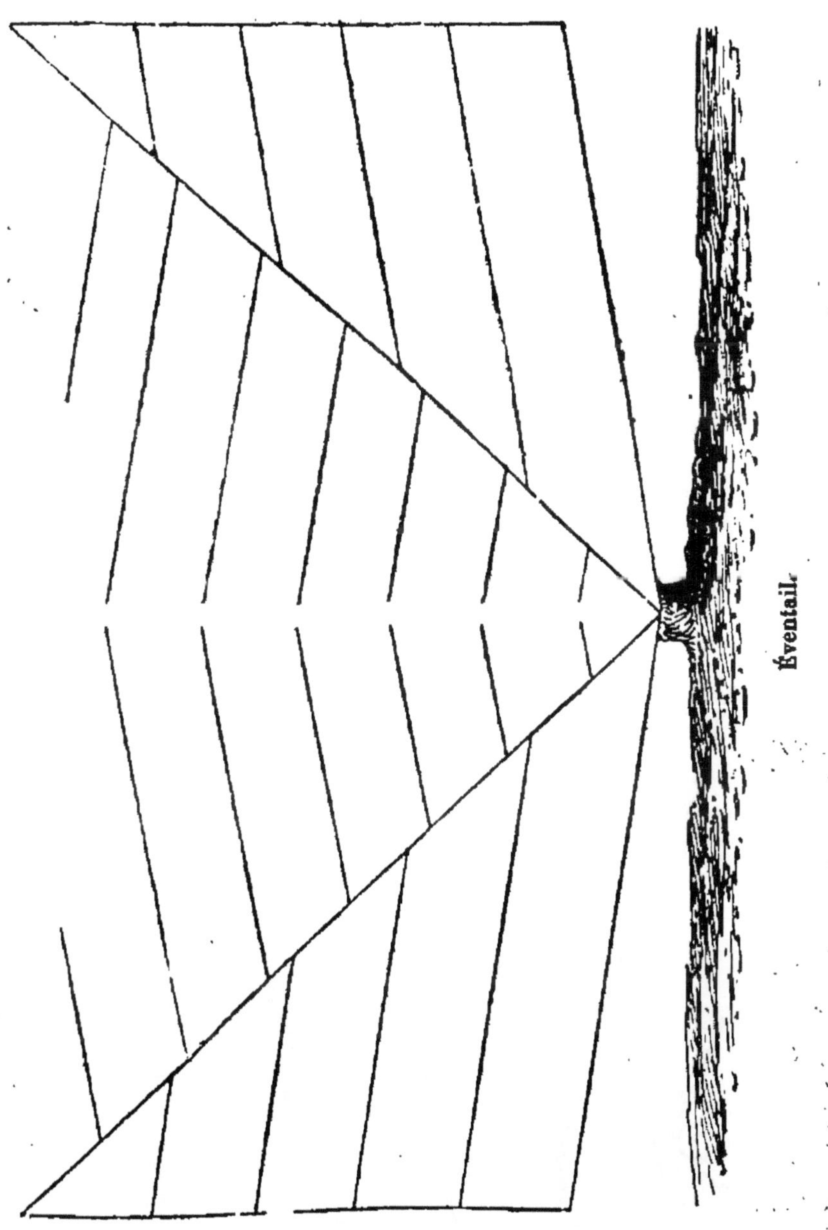

Éventail.

méthode qui a reçu des améliorations, et qne M. du Breuil a résumée :

Lorsque les bourgeons des prolongements successifs des

branches de la charpente atteignent une longueur d'environ six centimètres, on ne supprime que les bourgeons de der-

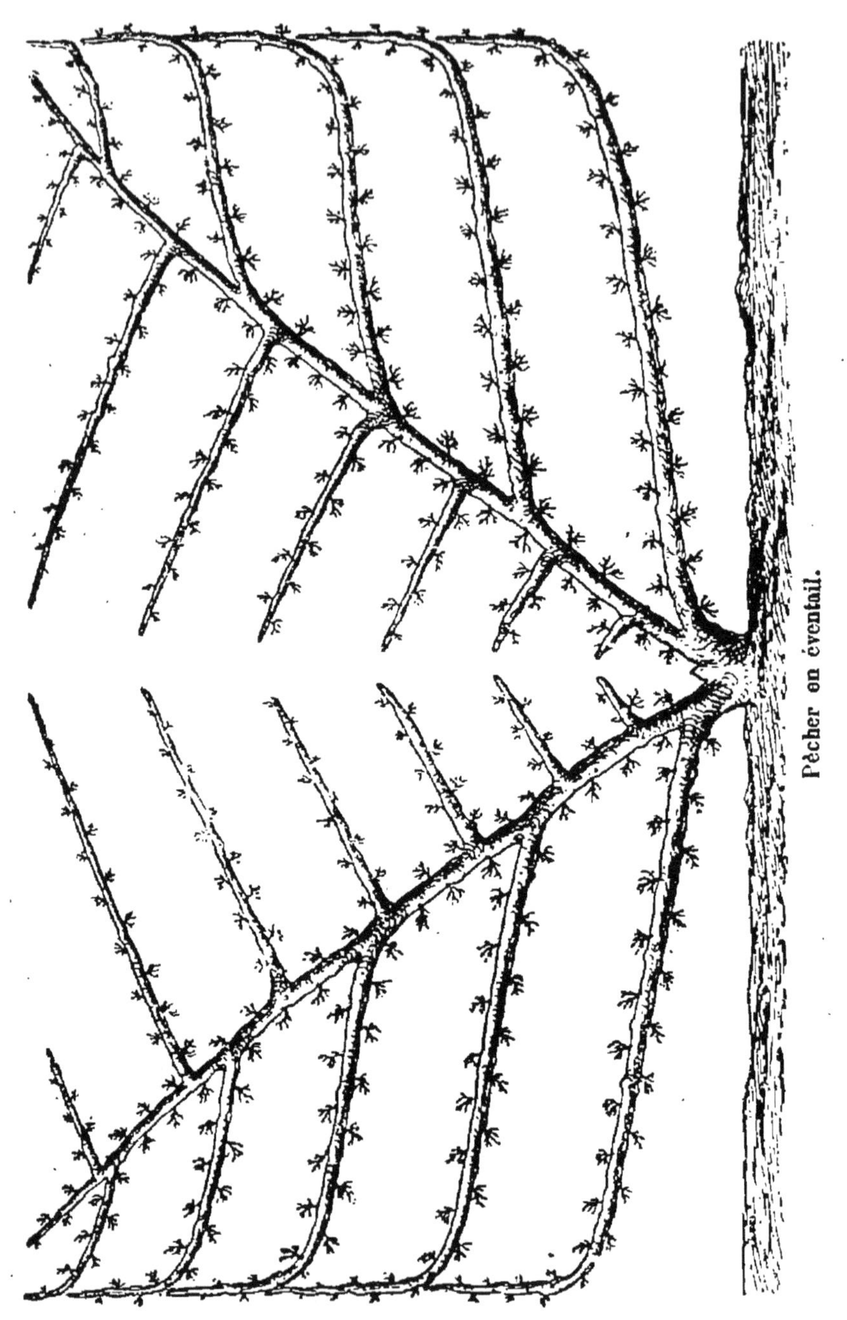

Pêcher en éventail.

rière, puis ceux qu sont doubles ou triples, de façon à n'en laisser qu'un seul à chaque point. Les bourgeons de devant sont seuls conservés. Au moment où ces bourgeons présentent une longueur d'environ 0m,08, on les pince avec les ongles au-dessus de deux feuilles de la base et bien développées. On ne comprend pas au nombre de ces feuilles les petites folioles imparfaitement constituées qui forment souvent une rosette à la partie inférieure du bourgeon. C'est ce pincement rigoureux qui a fait donner à cette méthode le nom de *pincement court*.

Ce pincement ne doit être pratiqué que successivement. On comprend, en effet, que si l'on opérait le même jour sur tous les bourgeons, il y aurait une suspension complète de végétation qui pourrait occasionner la maladie de la gomme.

En même temps qu'on procède à ce pincement, on coupera la moitié de la feuille conservée, afin de diminuer la vigueur du bourgeon anticipé qui naîtra à ce point. Dès que les bourgeons anticipés apparaissent à l'aisselle des deux feuilles conservées, on soumettra le bourgeon supérieur à un pincement sur deux feuilles, et on laissera l'autre s'allonger librement. Aussitôt que de nouveaux bourgeons naissent à l'aisselle des deux feuilles de la jeune pousse déjà opérée, on répète le pincement sur deux feuilles. Toutes ces suppressions doivent être faites lorsque les bourgeons atteignent une longueur de 0m,04.

Quant au bourgeon qu'on a laissé allonger, on le coupera vers le mois de juillet à une longueur d'environ 0m,20. Cette taille a pour but d'empêcher que la confusion ne se produise et qu'une partie de l'arbre ne soit soustraite à l'action du soleil.

A la taille d'hiver suivante, on taillera le bourgeon conservé sur le premier œil de la base. Les petits rameaux courts, charnus, couverts de boutons à fleurs, et résultant des pincements réitérés sur deux feuilles, seront destinés à la fructification.

Pendant l'été suivant, on laissera se développer l'œil conservé à la base du bourgeon et on le soumettra à la série d'opérations que nous avons expliquées.

A la seconde taille d'hiver, on coupera à la base le rameau fructifère de l'année précédente, et on opérera sur le second bourgeon comme on a opéré sur le premier.

Ainsi, d'après ce mode de procéder, on a, chaque année, au même point, deux bourgeons anticipés résultant d'un premier pincement fait à deux feuilles. L'un, le plus élevé, est soumis aux pincements réitérés pour préparer la fructification; l'autre, celui de la base, s'allonge librement et fournit un rameau dont la partie inférieure servira de point de départ à une nouvelle fructification.

Par suite de ces pincements répétés, il arrive que les prolongements se développent avec une vigueur extraordinaire et se couvrent sur toute leur longueur de bourgeons anticipés. Pour obvier à cet inconvénient, on a imaginé de conserver sur les pêchers vigoureux deux bourgeons de prolongement à l'extrémité de chaque branche, au lieu d'un seul. On palisse parallèlement ces deux bourgeons. La sève, ainsi partagée, agit avec moins de force sur chacun d'eux.

A la taille d'hiver suivante, on choisit celui des prolongements qui porte le moins de prolongements anticipés et on retranche les autres.

Cette méthode donne certainement de beaux résultats; mais n'est-il pas à craindre qu'elle n'ait de sérieux inconvénients?

M. le professeur Gressent, après s'être assuré que cette taille courte est nuisible aux jeunes arbres, a enseigné une méthode que nous devons faire connaître.

Lorsque les bourgeons auront développé quatorze ou quinze feuilles, pincer une fois pour toutes, sur neuf feuilles, les bourgeons faibles; sur dix feuilles, les bourgeons de vigueur moyenne, et sur douze, ceux très vigoureux.

S'il pousse un bourgeon anticipé sur le bourgeon pincé, on laissera se développer ce bourgeon jusqu'à ce qu'il ait douze feuilles. Alors, on taillera en vert avec la serpette, soit au-dessus, soit au-dessous du point où a été opéré le pincement, suivant que les yeux de la base seront ou ne seront pas suffisamment développés.

Si les arbres ne sont pas bien équilibrés, ou s'ils sont vigoureux, il se développera fréquemment, à l'extrémité du bourgeon pincé, deux bourgeons. On pincera le plus élevé sur huit feuilles, dès qu'il en aura douze, et, lorsque le bourgeon inférieur en aura produit huit, on détruira la bifurcation et on rapprochera le bourgeon inférieur sur trois feuilles. On fera même disparaître ce bourgeon, si les yeux de la base ne sont pas bien constitués.

On détruira toujours les bifurcations, en rapprochant au-dessus du bourgeon inférieur.

A la taille d'hiver, tailler sur six ou sept yeux, sur une fleur accompagnée d'un bouton à fleur.

Cette méthode nous a donné d'excellents résultats; mais elle a l'inconvénient de laisser sur l'arbre des bourgeons relativement longs puisque, à certains moments, ces bourgeons ont jusqu'à vingt feuilles.

Nous indiquerons, enfin, la manière de procéder de Frère Henri qui cultive à Rennes des pêchers couverts, tous les ans, de fruits magnifiques; cette méthode est d'une application facile.

Lorsque les bourgeons atteignent 8 centimètres, dans le courant d'avril, on les pince, suivant leur force, les plus faibles sur cinq feuilles, les plus vigoureux sur trois feuilles, non compris la rosette à la base du bourgeon.

De faux bourgeons ne tarderont pas à naître sur le bourgeon pincé. Si un seul apparaît, on le pincera sur une feuille au-dessus de ses feuilles stipulaires. S'il en pousse plusieurs, le supérieur ayant été pincé sur une feuille, les autres seront pincés sur leurs stipulaires.

S'il ne se produit pas d'autres bourgeons, les pincements seront terminés. Mais, le plus souvent, il naîtra d'autres bourgeons, et l'on continuera à pincer le bourgeon supérieur sur une feuille, les bourgeons inférieurs sur leurs stipulaires.

Par suite de ce pincement on aura toujours à la base le bourgeon de remplacement et de nombreuses productions fruitières.

A la taille en sec, on supprimera près le rameau de remplacement les branches qui ont donné du fruit; puis on taillera sur six ou sept yeux. Si le rameau de remplacement faisait défaut, on taillerait le rameau de façon à obtenir un ou deux fruits et un beau rameau de remplacement.

Au deuxième printemps, on supprimera les bourgeons devenus rameaux qui ne porteront pas de boutons à fleurs, à l'exception du bourgeon de remplacement. Les bourgeons accompagnant des fruits seront pincés sur leur rosette, et on répétera ce pincement aussi souvent qu'il sera nécessaire. Ce sera un moyen d'utiliser la sève au profit des fruits.

Les branches sur lesquelles les fruits n'auraient pas mûri seront rabattues sur leur bourgeon de remplacement.

Les bourgeons anticipés ou faux bourgeons qui se développeront pendant l'été à l'aisselle des feuilles sur les bourgeons de prolongement présentent un grave inconvénient. Ces bourgeons poussant avec rapidité ont des mérithalles d'une longueur démesurée, et, par suite, n'ont point d'yeux à la base. On devra donc pincer ces bourgeons très court, sur une feuille au-dessus des stipulaires, aussitôt qu'ils auront une longueur suffisante. A la chute des feuilles, les feuilles stipulaires de la base ou faux bourgeons donneront des yeux à bois, tandis que des boutons à fruit se formeront à l'aisselle des autres feuilles.

Si un nouveau bourgeon apparaissait sur le bourgeon pincé, on continuerait le pincement,

En suivant ces indications, les arbres seront couverts de fleurs ; mais on ne sera assuré de la récolte que si l'on prend soin de les abriter, de la fin de janvier, époque de la floraison, jusqu'au 20 mai environ, moment où les gelées tardives ne sont plus à craindre.

Variétés de pêchers.

Madeleine blanche. — Mûrit vers la mi-août; fruits gros et excellents.

Grosse mignonne. — Mûrit à la fin d'août; fruit de très bonne qualité, arbre très vigoureux et très fertile.

Belle Beauce. — Arbre vigoureux et fertile ; fruit superbe et excellent: mûrit à la fin d'août ou au commencement de septembre.

Belle de Vitry. — Arbre rustique, très vigoureux, très

fertile; fruit de très bonne qualité, mûrit en septembre.

Pêche de Choisy. — Arbre vigoureux, fruit d'excellente qualité, mûrissant vers la fin de septembre.

Pêche Alexis Lepère, obtenue par M. Alexis Lepère fils. Arbre vigoureux, propre aux grandes formes, très fertile; fruit superbe et de très bonne qualité.

Brugnon violet musqué. — Fruit moyen, mûrissant vers la fin de septembre.

Brugnon Gressent. — Arbre très vigoureux et très fertile, propre aux plus grandes formes; fruit gros et de qualité hors ligne.

Téton de Vénus. — Arbre très vigoureux, fertile, propre aux grandes formes, demande l'exposition du midi.

Maladies du pêcher.

Le pêcher est sujet à de nombreuses maladies dont quelques-unes, si l'on n'y prenait garde, le feraient périr rapidement. Nous citerons :

La *gomme.* — Matière gluante, qui n'est autre chose qu'une décomposition de la sève qui s'échappe par les déchirures de l'écorce. La plaie, en grandissant, gagne peu à peu toute la circonférence de la branche, à moins qu'on n'y apporte remède.

Le plus souvent la gomme provient d'une coupe mal faite, d'une coupe opérée avec un instrument qui a écrasé le bois ou déchiré les couches ligneuses. Elle peut être encore occasionnée par le pincement simultané des bourgeons, ou même par un changement brusque de température.

Le remède est des plus simples. Aussitôt que cette maladie se manifeste, on enlève l'écorce et le corps ligneux attaqués; on fait disparaître tout ce qui a pris une teinte rougeâtre, et on frotte avec des feuilles d'oseille; ensuite on couvre avec du mastic. S'il y avait lieu, on recommencerait.

La *cloque* est la conséquence ordinaire du brusque changement de la température, d'une nuit froide survenant après une journée chaude. La sève s'arrête, les feuilles se crispent, se contournent se boursouflent et jaunissent. Le bour geon ne tarderait pas à être atteint, les fruits tomberaient et la maladie gagnerait la branche entière, si l'on n'y prenait garde.

On prévient la cloque en abritant les arbres. Si le mal est léger, on le supprimera en enlevant les feuilles malades, tout en conservant le pétiole, et même en ne coupant de la feuille que la partie atteinte.

Lorsque toutes les feuilles et les bourgeons sont atteints, on coupera ces bourgeons sur un ou deux yeux et on obtiendra de nouvelles poussées vigoureuses.

Le *blanc*. — Sorte de lèpre occasionnée par un champignon qui envahit les feuilles et souvent même les fruits et les couvre d'une espèce de duvet ou poussière blanche.

Le seul remède efficace, s'il est employé à temps, est le soufrage. Lorsqu'on fait usage du soufflet projecteur, on se placera de côté et non en face, afin de mieux répandre le soufre sur les feuilles.

Le *blanc des racines* est une maladie terrible qui tue quelquefois les arbres en très peu de temps. Elle peut être causée par du fumier non assez consommé; mais elle se produit le plus souvent à la suite de pluies d'orage ou d'arrosements trop abondants.

Le remède, très difficile, consisterait à découvrir les racines, à les frotter avec un mélange de fleur de soufre, de charbon pilé et de sel. Encore le succès serait-il plus qu'incertain.

Le *rouge* se manifeste par la couleur rouge que prennent les rameaux; l'arbre languit et meurt. Cette maladie est d'autant plus redoutable qu'on n'en connaît pas la cause et que, dès lors, on n'a su encore indiquer de remède.

Les mêmes insectes qui nuisent au poirier s'attaquent au pêcher. On s'en débarrasse par les moyens que nous avons conseillés en traitant du poirier.

CHAPITRE XIII

ABRICOTIER.

L'abricotier prospère dans les terrains légers, chauds, sablonneux ; il réussit également dans toutes les bonnes terres de jardin. Ce qu'il redoute, ce sont les terres froides, compactes, sillonnées de cours d'eau souterrains peu éloignés de la surface du sol.

Les plâtras, les décombres, les terres sablonneuses sont les amendements qui lui conviennent.

L'abricotier est généralement greffé sur prunier ; ses racines peuvent dès lors se développer dans toutes les terres à prunier, c'est-à-dire de qualité ordinaire.

La floraison précoce de l'abricotier lui fait craindre, au printemps, l'abaissement de la température et le passage subit du froid au chaud. Le voisinage de constructions, de côteaux, et de tout autre obstacle aux vents et aux variations atmosphériques, est donc favorable à sa fructification. On plante, autant que possible, l'abricotier dans les situations abritées, dans les vallées épargnées par les brouillards, dans les cours, au pignon des maisons, où sa floraison est un peu préservée des accidents de température.

On peut dire, en général, que la prospérité de l'abricotier dépend plus de la température que de la qualité du sol. Ainsi à Bennecourt, dans le département de Seine-et-Oise, des côteaux élevés, à pente rapide, où l'on ne voyait, il n'y a pas bien longtemps, que des pierres servant au macadam parisien, sont aujourd'hui couverts de plantations d'abricotiers. C'est l'abricotier royal, qui domine sur ces côteaux ; il y est plus robuste et plus productif que les autres variétés. En une seule année, la récolte des abricots a rapporté aux habitants du village de Bennecourt plus de 140,000 francs.

Dans cette contrée, à cause de la nature particulière du sol, la majeure partie des abricotiers sont greffés sur amandier.

L'arbre est tenu en buisson ou en demi-tige sans forme bien régulière.

Chaque fois qu'on pourra planter un abricotier dans une cour abritée ou à l'abri d'un bâtiment, on devra en profiter. On sait que les abricotiers à haute tige donnent des fruits bien meilleurs que les abricotiers en espalier.

A la rigueur, l'abricotier pourrait être soumis à la plupart des formes d'espalier ; mais il ne faut pas oublier que cet arbre, qui pousse très vite, dont l'existence est d'une douzaine d'années environ, a une tendance à s'emporter par la base et à s'éteindre par le sommet. Il est, en outre, très sujet à la gomme. Les formes moyennes, la palmette à branches horizontales conviennent parfaitement à l'abricotier.

La charpente sera conduite comme celle du poirier ; mais, afin d'éviter la gomme, on ne fera usage que d'instruments bien tranchants, et lorsqu'on aura été obligé de procéder à une amputation un peu forte, on couvrira de mastic. On aura soin, surtout, d'éviter les cassements.

Comme pour toutes les espèces à noyaux, on recèpe l'année même de la plantation ; 30 à 35 centimètres d'intervalle entre les branches charpentières seront suffisants. Si les prolongements sont palissés horizontalement, on n'aura à retrancher que quelques centimètres à leur extrémité ; s'ils sont attachés verticalement, on retranchera moitié environ de leur longueur.

Comme ceux du pêcher, les rameaux de l'abricotier ne fructifient qu'une fois, et cela l'année qui suit leur naissance. Il faudra donc, également comme sur le pêcher, obtenir de nouveaux rameaux à fruits tous les ans, et supprimer ceux qui auront porté des fruits. Toutefois, sur l'abricotier, les yeux poussent aisément sur les vieux bois. Cet avantage permet de tailler court.

On ébourgeonnera de manière à ne laisser que trois bourgeons par 15 centimètres sur les branches charpentières ; on supprimera les yeux doubles, et les bourgeons trop rapprochés qui prendraient les proportions de gourmands.

On pincera les bourgeons, les faibles sur cinq feuilles,

ceux de vigueur moyenne sur sept feuilles, et les bourgeons vigoureux sur huit ou neuf feuilles. A la suite de ce premier pincement, il naîtra des bourgeons anticipés sur le bourgeon pincé : on pincera le supérieur sur une feuille au-dessus du précédent, et les autres sur leurs stipulaires.

Les bourgeons anticipés qui se développeront sur les prolongements des branches charpentières seront pincés une première fois sur trois ou quatre feuilles, puis à une feuille seulement au-dessus du premier pincement.

A la taille d'hiver, on taillera sur cinq ou six boutons à fruits le rameau qui s'est développé sur le prolongement de la branche charpentière, ou sur cette branche elle-même.

Si le bourgeon, devenu rameau de remplacement, porte des boutons à fleurs, on rabattra le rameau ayant donné des fruits l'année précédente au-dessus de l'empatement du rameau de remplacement. Si au contraire le rameau de remplacement ne porte point de boutons à fleurs, on le rabattra sur un œil bien constitué, et l'on conserverait le rameau qui a déjà fructifié, dans le cas où il aurait encore des productions fructifères.

Pendant le cours de la végétation, on rabattra sur leur empatement les rameaux qui, soit par suite de gelée ou autre accident, n'auront pas conservé de fruits.

L'abricotier, avons-nous dit, est très sujet à la *gomme*, et il guérit difficilement. Lorsque cette maladie a attaqué une branche et qu'il ne reste plus d'espoir de la sauver, le mieux est de la sacrifier et d'en opérer l'amputation. Les yeux percent facilement sur le vieux bois, et cette branche se trouvera vite remplacée.

Variétés d'abricotiers.

Gros rouge précoce. — Arbre vigoureux et fertile; fruit gros et d'assez bonne qualité, mûrit en juillet.

D'Alexandrie. — Fruit de bonne qualité, mûrissant dans le courant de juillet.

Royal. — Arbre vigoureux et fertile; fruit de grosseur

moyenne, de très bonne qualité, mûrissant au commencement d'août,

Pêche de Nancy. — Arbre vigoureux et fertile; planter à l'est et au sud-est; de très bonne qualité.

Abricot-pêche. — De l'espèce pêche de Nancy. Arbre vigoureux et fertile, fruit excellent.

CHAPITRE XIV

PRUNIER.

Le prunier est un des arbres fruitiers les moins difficiles sur la qualité du sol. Les terrains argilo-calcaires sont ceux qui lui conviennent le mieux : ses racines peu pivotantes n'exigent pas une couche fertile d'une grande profondeur. On peut dire qu'il vient partout, pourvu que le sol ne soit pas trop aride. Dans le midi, on le cultive en plein champ.

Le climat du prunier est celui de la vigne ; cependant la culture de cet arbre s'avance assez loin dans le nord et réussit même où le raisin ne mûrit plus en treille. Dans les pays froids, les variétés délicates souffrent et on leur réserve les formes en espalier.

Le prunier est indépendant par sa nature, et il se plie assez difficilement aux petites formes. Il pousse avec énergie, il veut de l'air et de la lumière. Dans les endroits concentrés, trop chauds ou trop froids, comme certaines gorges de montagnes, et les cours entourées de bâtiments élevés, il végète mal ou noue son fruit avec difficulté.

Il y a des variétés de pruniers, dans les *Reine-Claude*, en *Mirabelle*, en *Damas*, qui reproduisent leur espèce par semis; mais la reproduction exacte du type est obtenue par le greffage.

Très souvent, on greffe le prunier sur des sujets appartenant à la même espèce, et provenant des rejetons qui poussent au pied de ces arbres quand les racines ont été blessées. Ces rejetons sont plantés en pépinière, puis greffés. Ce mode de multiplication est vicieux. On n'obtient ainsi que des arbres qui, privés de racines pivotantes, s'épuisent en rejetons que leurs racines traçantes développent en très grande abondance. En outre, ajoute M. du Breuil, ces arbres redoutent davantage la sécheresse et n'acquièrent jamais de grandes dimensions. Il vaut donc beaucoup mieux prendre des sujets obtenus de noyaux et choisis parmi les variétés vigoureuses.

Le prunier *Saint-Julien* est peut-être celui qu'on emploie le plus dans les pépinières pour le greffage. Une autre sorte, le mirobolan, élevé par semis, se prête au même but et convient aux sols calcaires.

Le mode de greffage est l'écusson ou la greffe en fente, soit en tête, soit en pied du sujet. Le greffage en tête est nécessaire aux variétés peu vigoureuses, comme la mirabelle.

Pour l'écussonnage, il sera bon d'avoir la précaution de faire lignifier les rameaux greffons, en rognant leur extrémité quinze jours à l'avance.

Nous avons dit que le prunier n'est pas difficile sur l'exposition. Il aime la chaleur, et cependant on voit fréquemment de ces arbres plantés aux expositions nord-est et sud-ouest couverts de fruits. C'est même à ces expositions que nous avons obtenu les récoltes les plus abondantes.

Les formes moyennes, les grandes formes, conviennent au prunier, surtout si on a soin de ne pas donner aux branches une inclinaison trop horizontale.

Le *buisson* est spécial à la mirabelle, parce que cette variété se ramifie facilement et reste naine sans que la serpette l'y oblige.

Les *palmettes*, les *candélabres* conviennent aux *Grosse Mirabelle*, *Reine-Claude*, *Monsieur hâtif*, *Monsieur jaune*, *Coé's golden drop*.

Pour toutes les formes, on recépe l'année de la plantation, et on procède comme pour les autres arbres.

Les pincements sur le prunier devront être courts, parce que, chez cet arbre, les yeux rudimentaires de la base ont tendance à s'éteindre. Lorsque le bourgeon aura 8 à 10 centimètres, on le pincera une première fois sur quatre ou cinq feuilles. S'il se développe d'autres bourgeons, le bourgeon supérieur sera pincé une ou deux feuilles au-dessus de son empatement et les autres sur leurs stipulaires.

Chaque nouveau pincement se fera sur une ou deux feuilles au-dessus du précédent.

Cette méthode est analogue à celle de Frère Henri pour le pêcher.

Une autre méthode, celle enseignée par M. le professeur Gressent, donne égalcment de bons résultats :

Pratiquer le premier pincement sur cinq feuilles; lorsqu'il ne se produira qu'un bourgeon anticipé, on pratiquera le second pincement sur huit feuilles. S'il y a deux bourgeons anticipés, on détruira la bifurcation en rapprochant au-dessus du bourgeon inférieur, et l'on pincera ce dernier bourgeon conservé sur huit ou neuf feuilles.

A la taille en sec, on taille sur les fleurs les plus rapprochées de la base, en tenant compte de la vigueur du rameau. Si le rameau est vigoureux, on pourra lui laisser davantage de fruits. Mais il en est du prunier comme des autres arbres: moins on laisse de fruits, plus ils sont beaux.

Si le rameau fructifère est pourvu d'un remplacement, on pourra le tailler au-dessus de ce remplaçant, pourvu que ce remplaçant porte lui-même quelques productions fructifères. Si, au contraire, le rameau qui a donné du fruit n'a pas de remplaçant, et qu'il soit pourvu de productions fruitières, on le taillera suivant sa force. S'il ne présente pas de boutons à fruits, on le rabattra sur un œil bien constitué.

Les bourgeons qui naîtront sur les lambourdes seront pincés sur trois ou quatre feuilles. Si on laissait ces bourgeons s'allonger, il ne tarderait pas à se transformer en branches.

Variétés de pruniers.

Mirobolan jaune. — Fruit moyen, mûrit en juillet.
Mirobolan rouge. — Fruit moyen, mûrit en juillet.
Monsieur — Arbre vigoureux et fertile; beau fruit, gros

violet, de bonne qualité; — mûrissant fin juillet et août.

Reine-Claude, abricot vert. — Arbre vigoureux et très fertile; la meilleure des prunes, — mûrit en août.

Reine-Claude Victoria. — Arbre de vigueur moyenne, très fertile; beau fruit, d'excellente qualité, mûrissant en août.

Damas violet. — Arbre vigoureux, fertile; fruit moyen, rose violacé, arôme particulier; bon fruit en pâtisserie et en confiture de ménage; mûrit dans la seconde quinzaine d'août.

Reine-Claude transparente. — Fruit gros, excellent, très juteux, mûrissant au commencement de septembre.

Reine-Claude violette. — Fruit très sucré, très juteux, petit, mûrissant au commencement de septembre.

Reine-Claude de Bavay. — Arbre fertile, de vigueur moyenne; fruit superbe qu'on ne devra cueillir que très tard, et que l'on conserves dix jours au moins au fruitier.

Coé's golden-drop (Goutte d'or de Coé). — Arbre de vigueur moyenne, assez fertile. Beau fruit; c'est, avec la Reine-Claude de Bavay, les deux meilleures variétés tardives, mûrissant en octobre.

Outre ces variétés de prunes destinées à être mangées fraîches, il en est d'autres plus spéciales à la confection de pruneaux et qui forment la base de plantations importantes.

Nous citerons parmi ces variétés :

La prune d'*Agen* ou d'*Ente;*
— *Quetsche;*
— *Sainte-Catherine;*
— *Datte;*
— *Diaprée;*
— *Norbert.*

La *Quetsche* est populaire en Lorraine, la *Sainte-Catherine* en Touraine, pour la fabrication du pruneau de Tours, et la prune d'*Ente* ou d'*Agen* dans le sud-ouest de la France.

CHAPITRE XV

CERISIER.

Le cerisier est peut-être l'arbre le plus facile à conduire de tous les arbres fruitiers ; il s'accommode de toutes les formes, de toutes les expositions, et donne des fruits magnifiques sous l'action de la taille.

Cet arbre pousse très vite, avec une grande vigueur ; il est donc préférable de le soumettre aux formes moyennes ou grandes, plutôt qu'aux petites, afin qu'il puisse avoir un certain développement.

La charpente s'établit comme celles du prunier, de l'abricotier.

Comme toutes les espèces à noyaux, le cerisier demande qu'il y ait, mélangée au sol, une certaine quantité de calcaire, sans quoi les fruits seraient amers.

Les endroits froids ou exposés au brouillard sont contraires à la floraison du cerisier, les expositions trop brûlantes le fatiguent.

En espalier, on le plante au nord, pour retarder d'un mois a maturité du fruit, et aux expositions chaudes pour la hâter de quinze jours.

A part le cerisier franc, qui se reproduit par le semis ou par le drageonnage, les variétés du cerisier se multiplient par le greffage sur le *merisier* ou sur le *mahaleb*, communément appelé *Sainte-Lucie*. Le merisier est exclusivement réservé pour les arbres à hautes tiges, le mahaleb pour les basses tiges. Cependant, on emploie le mahaleb ou Sainte-Lucie pour élever des cerisiers en haute tige dans les sols arides.

Le merisier est greffé à haute tige, à deux mètres du sol, en écusson on en fente. Le greffage en fente réussit mieux à l'automne, avant la chute des feuilles, lorsque la sève s'arrête.

8.

On greffe le mahaleb par écusson, à $0^{m},10$ du sol, quand même le cerisier devrait s'élever à tige, attendu que le sujet est ici moins vigoureux que la greffe. Les variétés faibles qui s'élèvent difficilement à haute tige par elles-mêmes seront surgreffées, à la hauteur de la couronne de branches, sur un bigarreautier, celui-ci étant greffé en pied sur le cerisier de Sainte-Lucie.

Le cerisier mahaleb ne doit jamais être planté ni profondément ni dans un sol humide; il ne tarderait pas à périr.

Nous avons dit pourquoi les formes grandes ou moyennes conviennent au cerisier.

On pourra donner la forme pyramidale aux cerisiers qui poussent droit et se ramifient d'eux-mêmes, tels que *Anglaise*, *Griotte du nord*, *Impératrice*. On rencontre cette forme dans les plates-bandes des jardins, dont le terrain aride convient moins au poirier.

La *palmette* convient aux variétés vigoureuses à rameaux flexueux, telles que la *Reine-Hortense*, la *Belle de Chatenay*, la *Montmorency*.

Le *Candélabre*, propre aux variétés dont la végétation est plus contenue, *Anglaise*, *Impératrice*, *Belle de Choisy*, se plante ainsi que les palmettes, en contre-espalier ou au mur. Les expositions chaudes seront attribuées aux variétés de primeur; au nord, les variétés tardives mûriront tard sans perdre sensiblement de leurs qualités.

On pratiquera le premier pincement du cerisier sur six ou sept feuilles; les autres se feront successivement sur deux ou trois feuilles au-dessus du premier.

Si l'on préfère une autre méthode qui est d'un résultat non moins sûr, on fera le premier pincement sur sept à huit feuilles; le second sur six feuilles.

S'il pousse un troisième bourgeon, on rapprochera le premier bourgeon au-dessous du premier pincement.

Il pourra, après les pincements, se produire plusieurs bourgeons anticipés : on rapprochera, en détruisant la ou les bifurcations et on pincera sur six feuilles le bourgeon conservé.

Les bourgeons anticipés qui pousseront sur les prolongements devront être pincés sévèrement, c'est-à-dire aussitôt qu'ils montreront leur seconde paire de feuilles; et, s'il se développe un second bourgeon, on le pincera sur une ou deux feuilles.

On évitera de laisser des bourgeons sur les branches placées horizontalement. Ces bourgeons, par leur vigueur, nuiraient à l'équilibre de l'arbre. Si on n'a pas pratiqué l'ébourgeonnement, on coupera les bourgeons nés sur le dessus des branches sur deux feuilles, et le bourgeon amputé portera des boutons à fleurs.

Le cerisier est sujet à la gomme : on ne devra donc pas pratiquer de cassement sur cet arbre.

A la taille d'hiver, on taillera les rameaux sur les fleurs rapprochées de la base. Les yeux placés sur l'empâtement fourniront, pour l'année suivante, de nouveaux bourgeons. Si le rameau qui fructifie était pourvu d'un remplaçant, on le rabattrait au-dessus de ce remplaçant.

Variétés de cerisiers.

Anglaise hâtive. — Arbre vigoureux, propre aux grandes formes; fruit de bonne qualité, très doux, mûrissant en mai et dans le courant de juin.

Belle d'Orléans. — Arbre de vigueur moyenne, dont les fruits mûrissent de très bonne heure, fin de mai ou commencement de juin.

Montmorency. — Arbre très fertile, assez vigoureux; fruit un peu acide.

Belle de Choisy. — Arbre de vigueur moyenne, très fertile; fruit excellent.

Belle de Sceaux. — Arbre vigoureux et fertile, fruit excellent, un peu acidulé.

Belle magnifique. — Arbre vigoureux et fertile; fruit de bonne qualité.

Planchoury. — Arbre de vigueur moyenne, très fertile; propre aux formes moyennes; beau et bon fruit.

Spa. — Arbre assez faible, très fertile; très bon fruit, mûrissant à la fin d'août ou au commencement de septembre.

Rose de Charmeux. — Arbre assez fertile et assez vigoureux. Planté au nord et au nord-est, il garde ses fruits jusqu'en octobre, et souvent jusqu'aux premières gelées.

CHAPITRE XVI

FIGUIER, COGNASSIER, FRAMBOISIER, GROSEILLIER, NÉFLIER.

Figuier.

Le figuier est un arbre du midi; dans cette région, le tronc atteint souvent 2 mètres de hauteur, et la récolte des fruits est des plus abondantes.

Plus au nord, sous le climat de Paris, par exemple, le figuier est cultivé dans les jardins fruitiers, en cépées, aux endroits les plus chauds; à l'automne, on rapproche les branches par divisions de trois, de quatre, suivant leur nombre, et on les couche dans des fosses; on les recouvre de terre, et elles passent ainsi l'hiver à l'abri du froid. Au mois de mars, quand on n'a plus à craindre de fortes gelées, on les découvre et on les remet en place.

Alors, pour empêcher que les branches ne prennent un trop grand développement, et afin de favoriser l'accroissement des fruits, on éborgne l'œil terminal du bourgeon de prolongement, et aussi celui des bourgeons latéraux.

A vrai dire, c'est plutôt un élagage qu'une taille qu'on fait subir à l'automne au figuier. Cependant, avant d'enterrer les cépées, on rabattra les branches qui auront fructifié, sur les rameaux à fruits.

En Normandie, en Bretagne, et dans d'autres provinces de l'ouest, on se contente de planter le figuier dans un lieu abrité, à une exposition chaude, près d'un mur. Les résultats qu'on obtient sont généralement excellents, et cela sans qu'il soit besoin de couvrir les arbres pendant l'hiver.

On multiplie le figuier au moyen de marcottes et plus souvent au moyen de drageons qui sont immédiatement mis à demeure. Les deux premières années, on laisse pousser librement, afin d'obtenir un bon appareil de racines. La troisième année, on choisit le rameau le plus vigoureux, on le dresse sur un tuteur, et on supprime les autres. On favorise la production de ramifications à la hauteur qu'on jugera convenable, et puis on abandonnera le figuier à lui-même. Afin de mieux assurer le développement de ramifications, on pourra pincer le bourgeon terminal destiné à former la tige.

On supprimera, chaque année, les bourgeons inutiles qui se formeront au pied de l'arbre.

Dans le midi, on a deux récoltes de fruits; il est rare que, dans les régions plus au nord, les secondes figues arrivent à maturité.

Nous conseillerons de cultiver sous le climat de Paris, dans les régions du nord, les deux variétés qui réussissent le mieux : la *blanquette* et la *figue royale*.

Cognassier.

Le cognassier ne vient réellement bien qu'en haute tige. Comme le néflier, il porte ses fleurs à l'extrémité des rameaux : on ne devra donc pas tailler ces rameaux si l'on veut avoir des fruits.

La variété la plus estimée est le cognassier du Portugal, celle dont les fruits sont supérieurs et pour la grosseur et pour la qualité.

Le cognassier se multiplie par marcottes ou boutures.

Framboisier.

Le framboisier n'est pas difficile ; il vient partout, mais il préfère un sol frais, un peu humide. On le plantera, autant que possible, aux expositions du nord.

Cet arbre fructifie sur bois de deux ans, et le bois qui a donné des fruits meurt à la fin de l'année. Mais, chaque an née, il pousse des racines de nouveaux bourgeons qui porteront des fruits l'année suivante; et ces nouveaux bourgeons sont presque toujours en si grand nombre qu'on est obligé de faire un choix et de supprimer les autres.

On multiplie le framboisier en séparant d'un pied-mère des bourgeons munis de leurs racines. Cette opération s'accomplit en novembre ou en décembre.

On cultive le framboisier de deux manières, en cépée et en ligne. Pour la cépée, on plantera à une distance de 2 mètres environ ; on enfoncera au pied de la cépée un piquet de

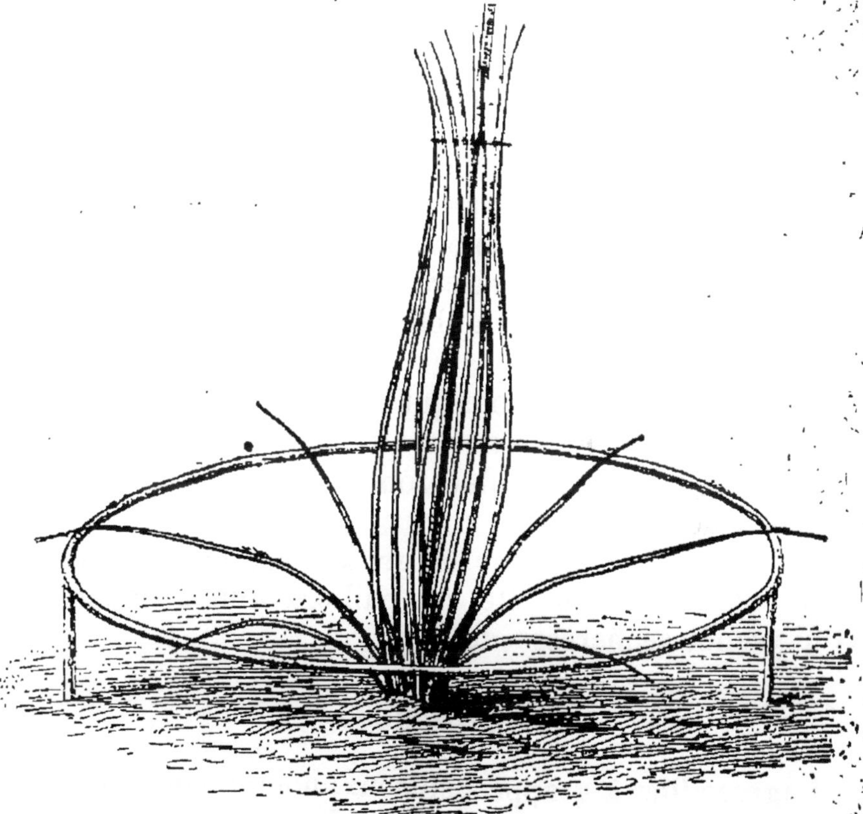

Framboisier en cépée.

1^{m} 50 d'élévation, et, sur des piquets à 75 centimètres du piquet central, on posera un cercle qui sera à 50 centimètres d'élévation au-dessus du sol. Le diamètre de ce cercle sera égal à la hauteur du piquet central, c'est-à-dire 1^{m},50.

Pour les framboisiers en ligne, on plantera à une distance d'un mètre environ, sur une plate-bande qui devra être creuse au milieu, afin que les arbustes trouvent toujours l'humidité qui leur est nécessaire. Sur chacun des bords de la plate-bande, on établira sur des piquets une ligne de fils de fer, à une élévation de 50 centimètres au-dessus du sol.

La plantation faite, on taillera les tiges à un mètre du sol. Celles qui ont fructifié l'été précédent périront à l'automne, et on les supprimera au printemps suivant; on conservera les autres, celles qui se sont développées pendant l'été et qui donneront des fruits. Mais on n'en choisira qu'un certain nombre, parmi les plus vigoureuses, six, huit ou dix sur chaque pied, et on retranchera les autres, ainsi que les bourgeons qui naîtraient ensuite.

Les tiges fructifères, taillées à 1 mètre du sol, seront palissées, celles de la cépée sur le cercle, à des distances égales; celles de la plantation en ligne, sur les fils de fer placés de chaque côté de la plate-bande.

Cette inclinaison favorisera le développement des bourgeons sur les tiges, et l'on obtiendra des fruits de la base au sommet.

Les nouveaux bourgeons qui poussent sur la souche croîtront librement; puis on les attachera au piquet qui servira de tuteur, et ils remplaceront, l'année suivante, ceux qui auront fructifié.

Le framboisier, comme le groseillier, demande une fumure abondante; à l'été, on paillera afin d'empêcher la trop grande sécheresse du sol.

Groseillier.

Le groseillier à grappes, épineux, noir ou cassis, est d'une fertilité remarquable, et il demande peu de soins. Il s'accommode de tous les climats, et à peu près de toutes les expositions. On le multiplie au moyen de boutures ou de drageons vigoureux.

Nous avons vu donner au groseillier toutes les formes, celles de la pyramide, de l'espalier, du contre-espalier et même du cordon vertical. Nous n'admettrons que deux formes, la pyramide à la rigueur et la forme en touffe ou cépée. C'est cette dernière que l'on préfère généralement, et avec raison, car c'est celle qui donne incomparablement les meilleurs résultats.

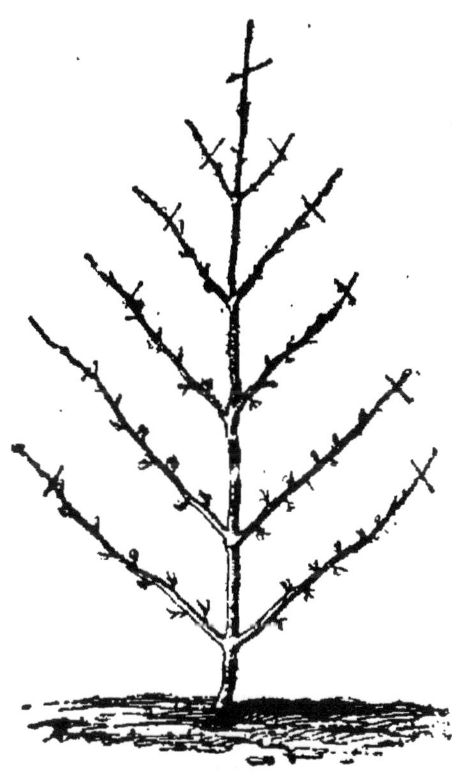

Groseillier en pyramide.

Pour la pyramide, on rabat à 30 centimètres au-dessus du sol, lorsque l'arbuste est bien enraciné, et on laisse allonger de 40 centimètres environ, la première année, et de 20 à 30, les années suivantes. Les branches latérales seront taillées de manière à ce qu'elles gagnent environ 10 centimètres chaque année.

Pour la forme en touffe, on rabat également à 25 ou 30 centimètres, lorsque l'arbuste a acquis un bon appareil de racines. Il pousse des bourgeons qu'on laisse se développer. Au printemps, on taille pour obtenir des ramifications. Au printemps suivant, on obtient de nouvelles ramifications, en taillant les prolongements de l'année précédente, et la cépée se trouve dès lors formée.

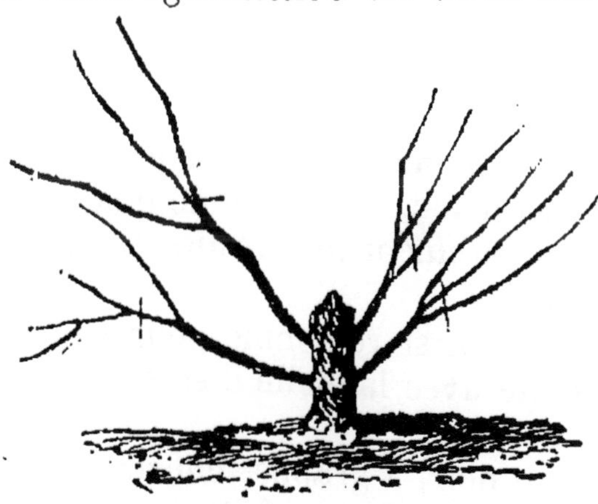

Groseillier en touffe.

On n'aura plus qu'à supprimer, à mesure qu'elles se produiront, les pousses qui viendraient obscurcir l'intérieur de la cépée, et à veiller à ce que le milieu soit bien évidé.

Pour obtenir les rameaux à fruits, sur la pyramide comme sur la cépée, il suffira d'un pincement ou d'un cassement en vert sur la cinquième ou sixième feuille des rameaux latéraux.

On ne devra pas perdre de vue que le groseillier, comme les arbres à noyaux, ne donne de fruit que sur les petits rameaux qui ont poussé l'été précédent.

CHAPITRE XVII

VIGNE.

Dans le midi, dans le centre de la France, la vigne est cultivée en plein vent, et elle mûrit parfaitement. Dans les régions du nord et de l'ouest, elle ne peut être cultivée qu'en espalier, contre des murs bien exposés au soleil ; et, encore, doit-on, dans ces conditions, ne planter que certaines variétés précoces.

Les seules variétés qui nous paraissent convenir dans les régions de l'ouest et du nord sont :

Le *Précoce malingre*, qui mûrit dès le commencement d'août. Ce raisin, qui est blanc, est de bonne qualité, et sa précocité le rend particulièrement propre aux climats relativement froids ou humides.

Le *Chasselas de Thomery*, si renommé pour son excellente qualité et la facilité avec laquelle il se conserve jusqu'aux mois de mars ou avril.

Le *Frankenthal*, raisin noir, à grappes énormes, de goût agréable, même lorsqu'il n'est pas parfaitement mûr.

Le *Chasselas rose royal*, remarquable par son coloris, et se conservant très longtemps.

Multiplication.

La vigne peut être multipliée de plusieurs manières : par le semis, la bouture, la greffe, la marcotte.

La *multiplication par le semis* se fait au moyen des pépins. Ce procédé peut être appliqué par des pépiniéristes, mais il est rarement employé. Outre que les variétés qu'on obtient ainsi sont généralement inférieures aux précédentes, le fruit se fait attendre au moins cinq ou six ans.

Multiplication par bouture. De janvier à mars, on choisit sur les vignes qu'on veut multiplier des sarments vigoureux d'une longueur de 40 à 50 centimètres. On creuse sur la plate-bande une tranchée en formant un ados contre lequel on couche les sarments, à une distance de 25 à 30 centimètres les uns des autres, et de manière qu'ils forment un angle d'environ 45 degrés.

Un œil seulement devra rester au-dessus du sol. Pour éviter que le sarment ne se dessèche, on placera un paillis de fumier, et on arrosera profondément, pendant le cours de l'été; à mesure que le bourgeon se développera, on le palissera sur un tuteur, on enlèvera les vrilles et les bourgeons anticipés.

Au bout d'un an, on pourra mettre en place.

Multiplication par la greffe. — Ce procédé est employé soit pour changer la qualité d'un cep, soit pour s'assurer promptement de la valeur d'un plant de semis. Il est rare qu'on y ait recours. On opère en mars ou en avril, lorsque la sève est en mouvement. On commence par pratiquer sur le sujet une entaille d'une longueur de 20 centimètres environ; puis, on place en terre, à côté du sujet, le plant à greffer. On enlève l'écorce sur la partie du greffon qui doit coïncider avec le sujet et on l'applique sur la rainure. On lie ensuite, avec de la laine, et on recouvre de mastic. Deux yeux seulement seront laissés au-dessus du point de soudure. Dans le courant de juin on supprimera le plus faible des bourgeons, et on pincera sur une feuille les bourgeons anticipés qui se produiraient.

A l'hiver suivant, on pourra sevrer la greffe.

Il peut arriver que le sujet à greffer soit très élevé et que le greffon soit trop court pour atteindre l'endroit où il doit être uni au sujet. Dans ce cas, on plante le greffon dans un pot qu'on place, soit au moyen d'une table, soit au moyen d'un échafaudage quelconque à la hauteur convenable, et opère comme nous avons dit précédemment.

Multiplication par marcotte. — C'est le moyen que l'on emploiera le plus habituellement, et qui, presque toujours,

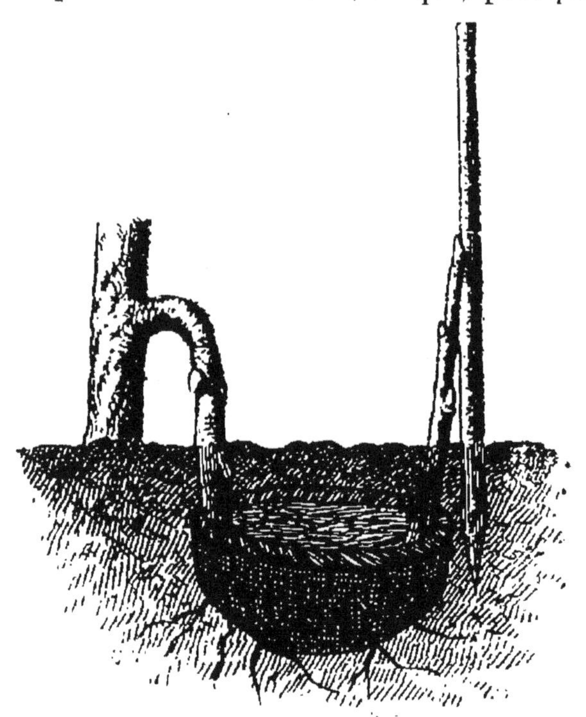

Marcottage de la vigne.

donnera d'excellents résultats. Du mois de janvier au mois de mars, on choisit sur le pied de vigne qu'on veut multiplier, un sarment vigoureux que, le plus souvent, on aura élevé à cet effet, l'année précédente; on couche ce sarment en terre, et on relève l'extrémité qu'on rabat sur deux yeux au-dessus de terre. Des racines se développent à la partie du sarment enterrée. Les deux yeux conservés produiront deux bourgeons : on conservera le mieux constitué et on le palissera sur un tuteur.

A l'hiver la marcotte sera sevrée, c'est-à-dire détachée du pied qui l'a produite.

Au lieu de coucher le sarment en pleine terre, on peut le placer dans un panier rempli de terreau et où il trouve une nourriture qui lui est particulièrement appropriée. Le panier est mis en terre; les jeunes racines, se font jour à travers les interstices. A l'hiver, on sèvre la marcotte, on expédie le panier plein de terre et on le plante de même.

Dans ces conditions la marcotte ne souffre pas de la déplantation; elle pousse avec vigueur et donne promptement des fruits.

Mais il faudrait se garder d'employer des pots au lieu de paniers. Les racines ne trouvant pas de place pour s'étendre, la végétation s'opérerait très mal.

Plantation.

La vigne redoute par-dessus tout l'humidité. Il sera donc nécessaire de se préoccuper de la nature du sous-sol. Afin d'obtenir d'abord une charpente vigoureuse et un bon appareil de racines, on mêlera à la terre des engrais azotés, tels que déchets de laine, engrais animaux. Mais ces engrais, qui produiront du bois, ne favoriseraient pas la production des fruits. Alors, lorsque la vigne sera vigoureuse, on fumera avec des feuilles décomposées, de la houille mêlée d'urines, des cendres, qui renferment beaucoup de potasse, et même des sarments qu'on mêle à des plâtres.

La plantation se fait en novembre ou en décembre, et même jusqu'en février. Si l'on plante des marcottes à racines nues, ou des boutures, on creuse un trou ou une tranchée de 50 centimètres environ de largeur, et de 40 centimètres de profondeur, à peu près, au pied du mur. On garnit le fond de fumier; on y place le plant ou la marcotte, et on relève l'extrémité de manière à laisser deux yeux seulement au-dessus du sol.

Lorsqu'on aura des paniers, on fera de même un trou ou une tranchée de 40 centimètres de profondeur et de 50 centimètres de largeur; on garnira le fond de fumier; on fendra le panier aux deux extrémités, afin qu'on puisse bien abaisser la marcotte des deux côtés ; on étalera avec soin les racines qui sortiront du panier, et on couchera la tige qu'on conduira jusqu'au mur, en la maintenant, s'il le faut, avec des crochets.

On taillera toujours sur deux yeux hors de terre, et on

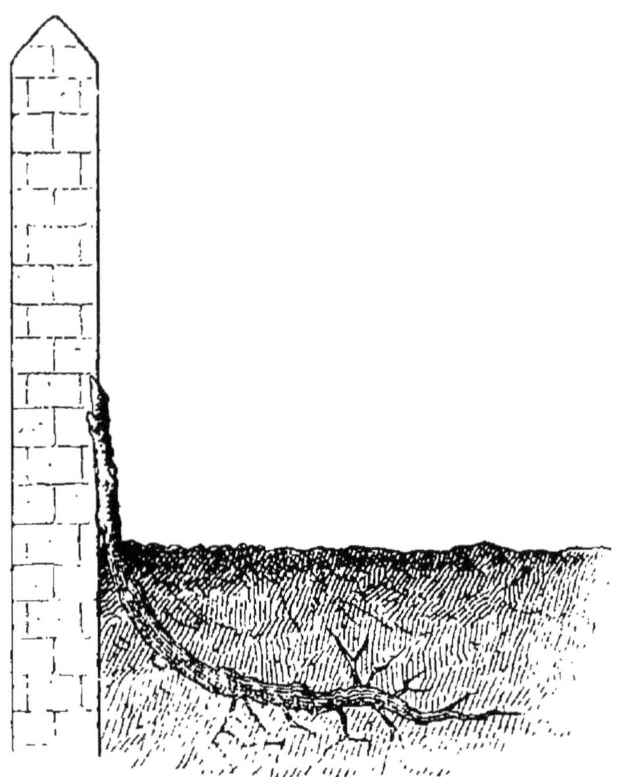

Plant de vigne au pied d'un mur.

emplira le trou. Ainsi que nous avons indiqué précédemment, on palissera le bourgeon qui aura été conservé.

Si l'on conseille de tailler sur deux yeux hors de terre, c'est afin que, dans le cas où l'œil sur lequel on a taillé viendrait à s'éteindre, on en ait un autre de réserve pour former la charpente.

Quel que soit le mode de plantation qu'on adopte, il sera bon que la terre ait été défoncée à une profondeur au moins de 30 centimètres.

Nous recommanderons de fumer les vignes à la fin de

l'automne, de leur donner un binage au printemps, de les pailler à l'été, surtout si elles sont au pied d'un mur, et de les arroser pour éviter la sécheresse.

Formes.

Les formes que l'on peut donner à la vigne sont très variées. Nous indiquerons celles qui semblent devoir être préférées : les cordons horizontaux Thomery, les cordons à coursons alternes, les cordons obliques brisés.

Cordons horizontaux Thomery. — Les cultivateurs de Thomery mettent entre deux cordons un intervalle de $0^m,44$, ils donnent à la longueur des bras $1^m,10$. Cette distance ne suffit pas dans les contrées de l'ouest, en Bretagne, en Normandie, où les terres étant très fortes, la vigne pousse avec une extrême vigueur. Dans ces cas, il y aura lieu, afin de laisser un espace convenable, de mettre 55 à 60 centimètres entre les cordons et de donner à chaque bras une longueur de 2 mètres environ.

C'est une question d'observation, et on devra se guider d'après la nature du sol.

Selon que l'on voudra superposer 3, 4 ou 5 cordons, on plantera les ceps à $0^m,80$, 1^m, $1^m,33$. Trois cordons se superposeraient, le premier à $0^m,30$, le second à $1^m,50$, le troisième à $0^m,90$. Pour quatre cordons, on commencerait le premier à $0^m,30$, le second à $1^m,50$, le troisième à $0^m,90$, le quatrième à $2^m,10$. Pour cinq cordons, le premier à $0^m,30$, le second à $1^m,50$, le troisième à $2^m,70$, le quatrième à $0^m,90$ et le cinquième à $2^m,10$.

Voici comment on procède : On incline le sarment à droite ou à gauche de façon que, au point de courbure, il se trouve un œil en dessus. Ensuite, on taille sur l'œil en dessous suivant qui donnera le prolongement du sarment courbé ; l'œil en dessus fournira le bras opposé.

En suivant un autre procédé, celui de M. Rose Charmeux, on opérera de la manière suivante : Pendant la végétation, si le bourgeon est vigoureux, on le taille en vert, sur un œil au-dessus du point ou l'on veut établir le cordon. Un bourgeon anticipé se développera : on le supprimera. L'œil placé près de ce faux bourgeon donnera à son tour naissance à un bourgeon qu'on laissera croître. A la taille suivante, on rabattra sur les deux yeux qui se trouvent à la base de ce bourgeon, en face l'un de l'autre, et qui fourniront les bras du cordon.

Cette seconde manière, quoique assez simple, n'est peut-être pas aussi facile que la première.

Dans tous les cas, et quelle que soit la disposition qu'on adopte, il est important de ne commencer un cordon qu'avec un sarment vigoureux. Si le sarment n'était pas suffisamment fort, il conviendrait de le rabattre et d'attendre l'année suivante.

Cette forme donnée à la vigne est assurément fertile; mais il peut arriver, si l'on donnait aux bras une trop grande longueur, que les coursons, très vigoureux à la base et aux extrémités, soient faibles au milieu. C'est par suite de cet inconvénient que M. Rose Charmeux, maire de Thomery, chercha une autre forme et adopta, de préférence, les cordons à coursons alternes.

Cordons à coursons alternes. — Pour la formation de la charpente, nous procéderons ainsi : nous avons laissé pousser deux bourgeons sur la vigne plantée. On choisira de préférence le plus bas, et, pour favoriser son développement, on pincera sur cinq ou six feuilles le bourgeon supérieur. Lorsque le bourgeon inférieur aura atteint une longueur de 30 à 40 centimètres, on le supprimera, en rabattant au-dessus du bourgeon inférieur. On palissera ce dernier bourgeon, à mesure qu'il se développera, et l'on enlèvera les vrilles.

On ne laissera pas prendre au bourgeon de prolongement une longueur trop considérable, de crainte que les yeux de la base, les seuls dont on ait besoin, ne soient mal constitués. Un mètre cinquante pour les variétés vigoureuses, un mètre vingt pour les variétés de vigueur moyenne, sera une longueur suffisante.

Les coursons devant être à 30 centimètres de distance, on posera des lignes horizontales sur le mur, à 25 centimètres, afin de palisser les bourgeons qui naîtront. Les fils de fer sont ce qu'il y a de mieux pour le palissage.

A la taille d'hiver, on taillera sur trois yeux, afin d'obtenir trois bourgeons : celui du haut sera destiné à continuer le prolongement, et les deux inférieurs à former les deux premiers coursons.

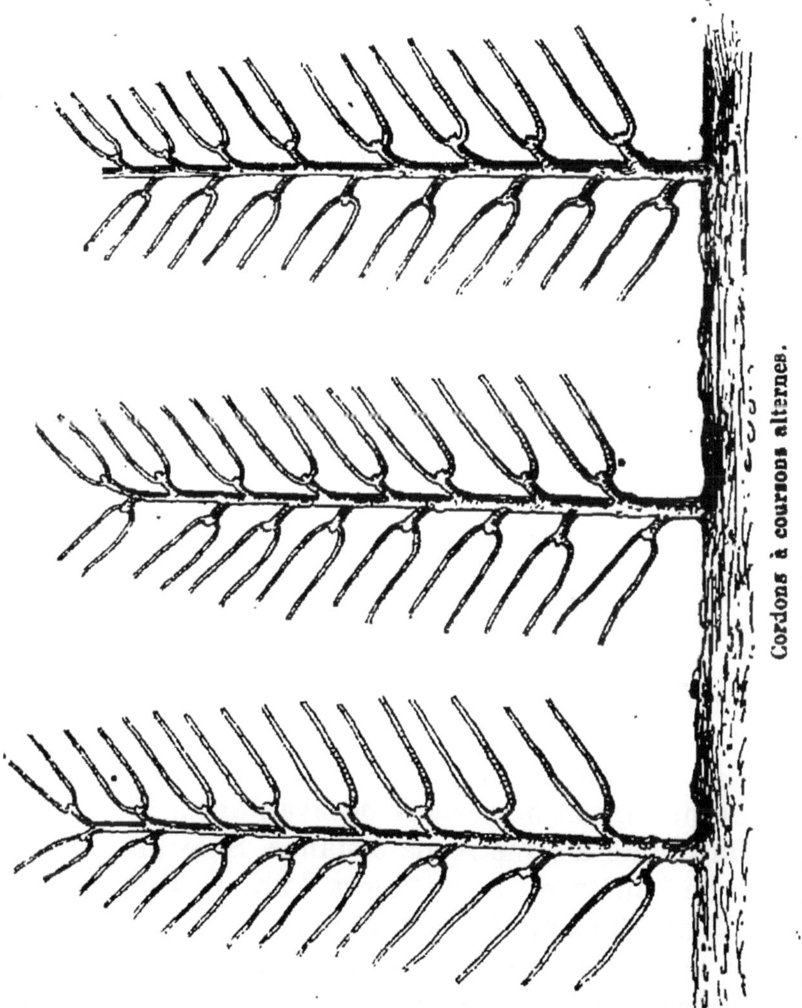

Cordons à coursons alternes.

On palissera presque horizontalement les deux bourgeons de la base, qui, peut-être, porteront des fruits ; dans ce cas, il ne faut leur laisser qu'une grappe de raisin, deux au plus. On les pincera à une longueur de 45 à 50 centimètres. Quant au bourgeon devant continuer le prolongement, on le palissera verticalement, et on le pincera lorsqu'il aura atteint un mètre de longueur. On supprimera les vrilles au fur et à mesure qu'elles se produiront, et, de même, les bourgeons anticipés.

L'année suivante, c'est-à-dire à la taille d'hiver, on taillera les deux coursons sur un œil, et on rabattra le prolongement sur une longueur de 50 à 60 centimètres, selon sa vigueur, sur un œil placé en avant, et qui sera destiné à le continuer. Les bourgeons qui naîtront seront traités comme les précédents, et ainsi de suite, jusqu'à ce qu'on ait atteint le haut du mur. La dernière année, ce sera le dernier courson qui terminera le prolongement.

Lorsque le mur à couvrir est élevé, on formera deux étages. Pour le plus élevé, on ne laissera pousser qu'un bourgeon, celui de prolongement, et on supprimera tous les autres; on enlèvera soigneusement les vrilles et les bourgeons anticipés. Lorsque le bourgeon aura atteint une longueur de 1^{m},20, on le pincera pour le rabattre ensuite, de manière à former un ou deux étages de coursons, selon la vigueur.

Pour les ceps devant couvrir la partie inférieure du mur, on procédera comme il a été dit précédemment.

Lorsque tous les ceps devront avoir la même hauteur on plantera à 1 mètre de distance; à 50 centimètres, lorsque la moitié des vignes seulement devront atteindre le sommet du mur.

Cordons obliques brisés. — Cette forme convient pour les murs de toutes les hauteurs; elle est vite faite et est très fertile. On devra toujours la préférer aux cordons obliques qui offrent de sérieux désavantages.

On plante à 1 mètre de distance. Si le mur a une élévation de 2 mètres, on partagera la hauteur en trois parties de 65 ou 70 centimètres environ.

Si le mur est plus élevé, on fera quatre brisures. Voic comment on opérera. Avant tout, on dessinera la form sur le mur, avec des gaules ou mieux des lattes de sciage afin d'obtenir toujours des lignes bien droites. On incliner le sarment sur un angle de 50 centimètres et on le conduir jusqu'à la ligne où devra être formée la première brisure. O le taillera à ce point, sur un œil en dessus ; cet œil donnera naissance à un bourgeon qui continuera le prolongement et qu'on conduira jusqu'au point où devra être la seconde

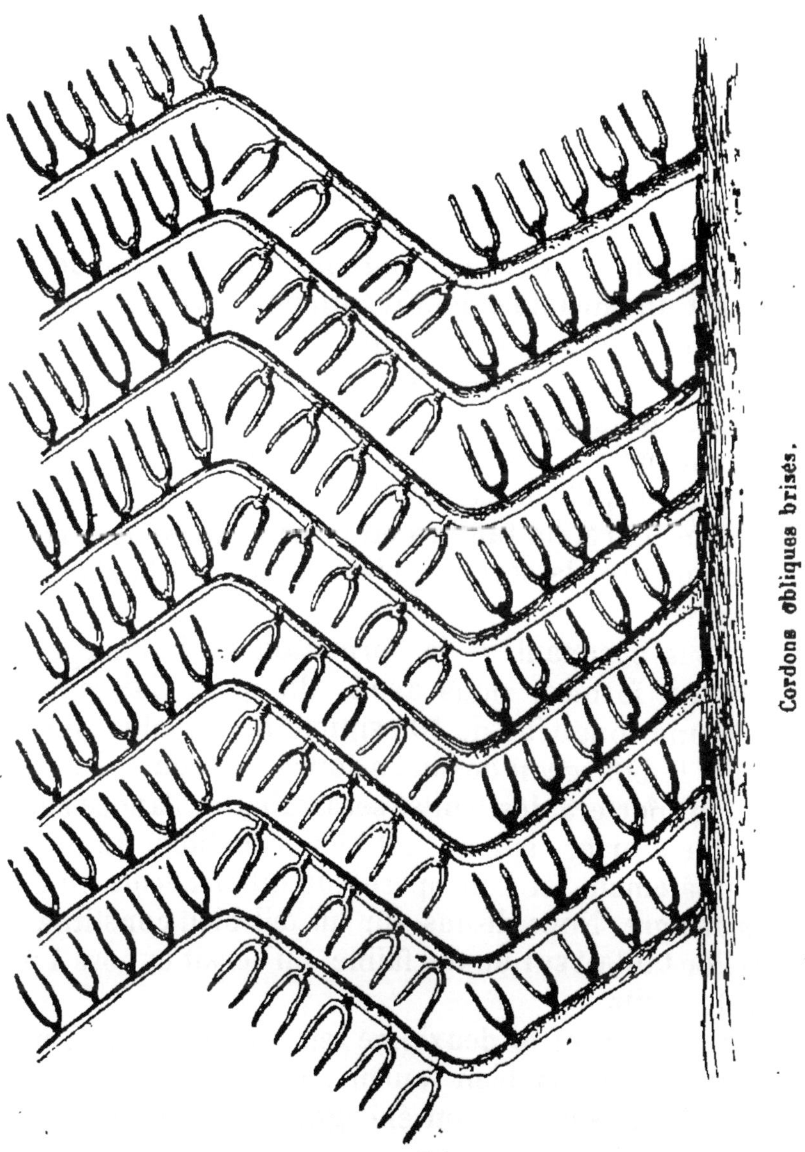

Cordons obliques brisés.

brisure. On taillera de même ce prolongement sur un œil en dessus, de façon à obtenir le prolongement devant fournir la quatrième brisure, si l'on doit en avoir quatre.

Ainsi, en trois ans, quatre ans au plus, le mur sera couvert. En même temps qu'on préparera le développement des prolongements, on éborgnera les yeux du dessous et on favorisera l'accroissement des bourgeons du dessus, destinés à fournir les coursons.

Par suite de cette suppression des coursons du dessous, les vignes auront une grande vigueur et donneront des produits remarquables.

Taille des rameaux.

Nous avons dit que les coursons de la vigne doivent se trouver à une distance de 30 centimètres les uns des autres. Chaque fois qu'on opérera une taille sur un bourgeon ou sur un sarment, on aura soin de laisser un onglet assez long. Le bois de la vigne, comme le bois du pêcher, est mou; il a beaucoup de moelle, et l'extrémité du bourgeon amputé périt jusqu'à un centimètre environ au-dessous de la coupe. En outre, on taillera en biseau, de façon à ce que si la vigne pleure, la sève ne puisse couler sur l'œil sur lequel on a taillé.

En nous occupant de la formation de la charpente des différentes formes, nous avons dit qu'on laissait croître jusqu'à une longueur de 40 centimètres ou plus, suivant sa vigueur, le bourgeon destiné à fournir le courson; ce bourgeon, qui portera des fruits, sera rabattu, l'année suivante, à la taille d'hiver, sur un œil bien constitué, au-dessus de son empâtement, si l'on opère sur du *chasselas* ou du *précoce malingre*. Nous disons sur un œil bien constitué, parce que si l'on taillait sur un œil faible, on serait exposé à n'avoir point de fruits.

Si le premier et le deuxième œil au-dessus de l'empâtement n'étaient pas bien fournis, on taillerait sur le troisième; et, dans ce cas, on éborgnerait les deux yeux précédents. Cet ébourgeonnement se pratique aussitôt que les yeux grossissent, ce qui est très facile, en cassant les bourres avec le doigt.

Le raisin de la vigne vient sur des bourgeons produits par des sarments nés de l'année précédente; d'autre part, il est acquis que plus le bourgeon est éloigné de l'extrémité du vieux bois, plus il porte de fruits. Nous devons donc avoir pour objet, en taillant la vigne, de favoriser la production des fruits et de conserver les coursons très courts.

Pendant l'été, le sarment que nous avons rabattu sur un œil bien constitué, le plus près de la base, produira un bourgeon à son extrémité, bourgeon qui donnera des fruits. D'autre part, l'œil de la base se développera en bourgeon. Dès lors, le courson sera constitué.

A la taille suivante, on taillera le tronçon de courson et le sarment. L'œil supérieur de ce sarment se développera à son tour en un bourgeon qui donnera des fruits, et l'œil de la base fournira le bourgeon de remplacement pour l'année suivante.

Si, postérieurement à la taille, il se développe des yeux qu'on n'avait pas aperçus en pratiquant le premier ébourgeonnement, et que ces yeux soient placés sur l'empâtement de facon à fournir un bon bourgeon de remplacement, on éborgnera ceux au-dessus en n'en conservant qu'un à la base, avec celui de l'extrémité.

Le *muscat* se taille sur le troisième œil ; le *frankenthal* sur le quatrième. Il y aura donc lieu de conserver l'œil de la base, destiné à fournir le bourgeon de remplacement, et à tailler sur le troisième œil pour le muscat et sur le quatrième pour le frankenthal. Les yeux intermédiaires seront éborgnés. Pour le reste, on procédera comme il a été dit pour le chasselas et le précoce malingre.

Le courson aura donc toujours deux bourgeons, celui de l'extrémité qui donnera des fruits, celui de la base qui fournira le bourgeon de remplacement. Mais il peut arriver ou que les deux bourgeons portent des fruits, ou qu'il n'y en ait ni sur l'un ni sur l'autre. Dans le premier cas, afin de ne pas épuiser la vigne par une production trop abondante, on supprimera le bourgeon né sur l'extrémité du sarment pour ne conserver que le bourgeon né sur l'empâtement et qui sera à la fois bourgeon fructifère et bourgeon de remplacement.

On pourrait encore se contenter de supprimer les grappes

sur le bourgeon de remplacement, en n'en laissant que sur le bourgeon à fruit.

Les vignes ainsi cultivées seront très fertiles, mais à la condition qu'on pratiquera l'ébourgeonnement. Dès que les yeux auront produit des bourgeons d'un centimètre, on cassera à la base tous ceux qui seront inutiles et on ne conservera que celui de l'extrémité pour la production des fruits et celui de la base pour le bourgeon de remplacement.

On enlèvera les vrilles, au fur et à mesure du développement des bourgeons conservés. On supprimera les bourgeons anticipés qui naîtront à l'aisselle du bourgeon portant des grappes et de celui qui est destiné à le remplacer.

Lorsque les bourgeons conservés auront atteint de 40 à 50 centimètres, ils ne devront plus s'allonger. Les bourgeons anticipés qu'on laisserait vivraient aux dépens des fruits et nuiraient à la fructification pour l'année suivante. On devra donc pincer à 40 ou 45 centimètres environ celui de remplacement, et à deux feuilles au-dessus des fruits celui qui porte des grappes.

Il est un moyen de hâter de quinze jours à trois semaines la maturité du raisin : c'est, au moyen d'un *coupe-sève*, de pratiquer, immédiatement au-dessous du point d'attache de la grappe, de la plus basse, s'il y en a deux, une incision annulaire sur le bourgeon.

Cette opération doit être faite après l'épanouissement des fleurs.

Un second moyen de hâter la maturation du bois et par suite du raisin qui mûrit en même temps que le bois, consiste à supprimer un certain nombre de feuilles, en commençant par celles qui sont près du mur, puis successivement, en exposant complètement les grappes au soleil.

Enfin, pour augmenter la qualité et la beauté des grappes, on pourra pratiquer le *cisellement*. Cette opération, qui demande une certaine habitude, consiste à enlever, avec des ciseaux fabriqués à cet effet, l'extrémité de la grappe, qui mûrit rarement parfaitement et tous les grains avortés de l'intérieur, ceux qui seraient trop serrés. Les raisins conservés deviennent plus gros et beaucoup meilleurs. On n'aura rien perdu en poids et aura beaucoup gagné en qualité.

On enlèvera ainsi quelquefois un tiers, presque moitié des grappes, mais on ne devra pas s'en effrayer. C'est au moyen du cisellement qu'on obtient ces magnifiques raisins qui font notre admiration.

Maladies de la vigne.

La vigne est exposée aux attaques de divers insectes et à certaines maladies.

Les *kermès* sont de tous les insectes les plus redoutables. Dans les jardins, on peut s'en débarrasser avec les moyens que nous avons signalés pour le poirier.

Lorsque des vignes en serre sont atteintes par les kermès, on pourra employer un remède excellent, très efficace : ce sera, après avoir fermé les ouvertures, de brûler du soufre. En quelques heures, les kermès seront détruits.

L'*oïdium*, qui se manifeste d'abord par des taches noires, ensuite par une poussière grisâtre, ressemblant à de la moisissure, est, à part le *phylloxéra*, la maladie la plus terrible de la vigne. On ne saurait dire comment ni pourquoi elle se produit.

Le meilleur, le seul remède qu'on connaisse jusqu'à ce jour est le soufrage. Si, dès que la maladie se déclare, on a le soin de soufrer énergiquement, deux fois au moins, à quelques jours d'intervalle, on aura de grandes chances de sauver la récolte. Mais, si on néglige cette précaution, non seulement on perdra la récolte de l'année, mais celle de l'année suivante sera compromise,

On a remarqué que l'oïdium attaque surtout les vignes fertiles, celles qui sont dans un sol manquant de calcaire ou de fumure, celles qui sont couvertes de nodosités. Dans ces cas, le remède se trouve tout indiqué.

La pauvreté du sol, ainsi que l'épuisement de la vigne donnent également naissance à une maladie connue sous le nom de *panachure*. Les feuilles jaunissent, les bourgeons s'étiolent et les raisins ne grossissent pas. Si le mal a pour cause l'épuisement de la vigne, produit par une récolte trop abondante, on supprimera les fruits de l'année, et on fumera abondamment. Si l'épuisement provient de l'état du sol, on pratiquera des amendements.

Conservation du raisin.

Nous ne connaissons pas de meilleure méthode pour conserver le raisin que celle dont M. Rose Charmeux est l'inventeur. Au lieu de détacher simplement la grappe, on coupe le sarment qui porte les grappes, quatre ou cinq yeux au-dessous de la première grappe, et, ensuite, la branche un ou deux yeux au-dessus de la grappe supérieure. On met le bout du sarment dans de l'eau.

On fabrique pour conserver le raisin des caisses dont l'intérieur est garni de zinc, de façon que l'eau ne puisse s'écouler ; le couvercle est percé de petits trous.

On emplit la caisse d'eau en y mettant une certaine quantité de sulfate de fer, afin d'empêcher qu'elle ne se corrompe, et on introduit dans les trous le bout des sarments en les faisant plonger dans l'eau.

Le raisin ainsi conservé sera toujours frais et sans ride.

A défaut de caisse, on pourra encore, après avoir détaché la grappe avec un bout de sarment long d'environ 15 centimètres en dessous et 20 centimètres en dessus, et avoir ôté les feuilles, plonger le bout du sarment dans une petite fiole qu'on aura remplie d'eau mélangée de charbon en poudre.

Une autre méthode très simple, mais dont les résultats sont loin d'être aussi parfaits, consiste à étendre sur de la paille en un lieu bien sec les grappes cueillies bien mûres et bien saines.

Quelquefois, encore, on suspend les grappes à des ficelles tendues horizontalement, soit qu'on accroche à ces ficelles le bout du sarment conservé, soit qu'on les suspende par la pointe, afin d'écarter les raisins les uns des autres.

CHAPITRE XVIII

RESTAURATION ET RAJEUNISSEMENT DES ARBRES.

Lorsque, par suite du défaut d'équilibre, les branches inférieures d'un arbre sont ruinées, ou lorsque des arbres atteints par la vieillesse languissent et ne produisent plus que des fruits rares et chétifs, doit-on arracher ces arbres et les remplacer? Non, à notre avis, si ces arbres sont pourvus de racines. Il sera préférable de procéder à leur restauration, à leur rajeunissement.

S'il s'agit d'arbres en pyramide ou en cône, afin de concentrer la sève dont l'arbre peut encore disposer, sur une étendue restreinte de la tige, et faire développer de nouveaux bourgeons et, par suite, de nouvelles racines, on coupera la tige aux deux tiers environ de la hauteur totale. Les branches, immédiatement au-dessous du point de section, seront rapprochées à $0^m,04$ environ de leur naissance; celles placées tout à fait à la base conserveront la moitié de leur longueur. Quant aux branches intermédiaires, on les taillera de façon que leur sommet forme une ligne oblique qui, partant de l'extrémité des branches inférieures, s'arrête au sommet des branches placées en haut de la tige. S'il manque des branches latérales, on pratiquera des entailles pour déterminer le développement de nouvelles branches ou on aura recours aux greffes par approche ou de côté Richard.

Pendant l'été suivant, on favorisera l'allongement des bourgeons inférieurs, en pinçant ceux du sommet, à l'exception, bien entendu, du bourgeon destiné à former le prolongement de la tige.

A la taille d'hiver, on laissera presque entières les branches inférieures, puis on raccourcira successivement les autres, en donnant seulement une longueur de $0^m,15$ à celles du sommet et de $0^m,30$ à la flèche.

Il sera quelquefois avantageux, au lieu de restaurer de

vieilles pyramides, de changer la forme de l'arbre et de les convertir en vases, en cônes ou en palmettes. Cette transformation n'offre pas de grandes difficultés.

Pour obtenir une forme en vase, on coupera l'arbre à 30 centimètres environ du sol, de manière à conserver quatre ou cinq branches convenablement espacées. On coupe ces branches en biseau et on applique sur chacune d'elles une greffe perfectionnée. On veille au développement de ces greffes, et on opère comme pour la confection des vases.

Pour transformer les vieilles pyramides en palmettes à branches horizontales, on commence par enlever toutes les branches de devant et de derrière de la pyramide; ensuite, on choisit, de chaque côté, des branches espacées d'environ 30 centimètres que l'on dirigera horizontalement en les palissant.

Dans ces diverses opérations, s'il manque des branches, on y pourvoit au moyen des greffes Agricola et Richard.

Arbres en espalier. — S'il s'agit d'obtenir une palmette, et que les arbres, sans avoir de forme régulière, présentent un bon appareil de racines, on cherchera parmi les ramifications de la base trois branches convenablement placées et destinées à former, l'une la tige et les deux autres les deux branches sous-mères. On supprimera toutes les autres et on taillera les deux branches latérales conservées sur une longueur d'environ 30 centimètres. On coupera la tige immédiatement au-dessus du point où devra naître le deuxième étage des branches sous-mères. Il ne restera plus qu'à donner les mêmes soins que pour la formation des palmettes.

Lorsqu'un vide se produit dans les cordons obliques ou verticaux, on coupe l'arbre que l'on veut conserver à 30 centimètres environ du sol, et cela vers le mois de novembre. Parmi les bourgeons qui pousseront au printemps, on en choisira un de chaque côté, les plus vigoureux et on supprimera les autres. Les deux bourgeons conservés serviront pour établir les deux branches d'un V double ou d'un candélabre.

Cette opération nécessitera quelquefois l'arrachage d'un ou plusieurs arbres à droite et à gauche de celui que l'on conservera. Dans ce cas, on procédera à cet arrachage avec précaution, et les arbres seront replantés dans un autre endroit du jardin et transformés en V double ou en candélabre.

Ce que nous venons de dire de la restauration et du rajeunissement des arbres fruitiers s'applique exclusivement aux arbres à fruits à pepins, le poirier et le pommier. Il n'en est pas de même pour les arbres à fruits à noyau.

Quand un pêcher est complètement ruiné, le mieux est de le recéper, si l'on trouve au pied de jeunes branches situées de telle façon qu'on puisse les utiliser pour former la nouvelle charpente. On procède alors comme pour la formation d'un jeune arbre.

Si les branches du pêcher sont saines, il sera quelquefois possible d'éviter la suppression de la tige. Selon le degré de dénudation de l'arbre, on coupera un tiers ou moitié des branches, de façon à obtenir un équilibre dans toutes les parties et, aussi, de bons prolongements. On garnira les parties dénudées au moyen de greffes herbacées.

La restauration de l'abricotier n'offre pas de difficultés, que l'arbre soit à l'espalier ou en plein vent. Il pousse très aisément du jeune bois sur ces arbres, de sorte qu'on arrive promptement à regarnir les branches dénudées. Il suffira de faire disparaître les têtes de saule et de raccourcir les branches. Si elles étaient complètement ruinées, on couperait ces branches à quelques centimètres de leur base ; il naîtrait des bourgeons qui les remplaceraient avantageusement.

Le prunier ne produit pas de bourgeons sur le vieux bois; on ne peut donc, pour regarnir des branches dénudées, procéder qu'au moyen de greffes par approche.

Si l'on veut tenter la restauration d'un cerisier, on rapprochera les vieilles branches, afin d'obtenir des bourgeons vigoureux, et, avec ces bourgeons, on établira une nouvelle charpente.

CHAPITRE XIX

SOINS GÉNÉRAUX A DONNER AU JARDIN.

Si l'on veut assurer aux arbres une végétation vigoureuse, on ne devra pas négliger la culture annuelle du sol, l'application des engrais, les moyens de protéger la fructification contre les gelées du printemps et les opérations utiles pour combattre la sécheresse.

Culture annuelle. — On labourera le sol, afin de le rendre perméable ; on se servira non d'une bêche, parce qu'on s'exposerait à couper les racines, mais de la fourche à dents plates. On n'oubliera pas, en labourant, que les arbres greffés sur *cognassier*, sur *pommier paradis* et sur *prunier*, ont leurs racines très près de la surface de la terre.

On ne devra cultiver sur des plates-bandes que des légumes peu épuisants, comme les salades, et proscrire ceux qui exigent des soins dangereux pour les racines des arbres.

Fumure. — Les arbres nouvellement plantés devront être fumés assez abondamment ; il en sera de même pendant le temps que durera la fermentation de la charpente. Plus tard, une fumure annuelle et pas trop copieuse sera suffisante. Les os concassés, des chiffons de laine, des débris de bourre, de plumes, en un mot, les matières à décomposition lente sont les meilleurs engrais. On évitera d'une façon absolue les engrais en fermentation.

Le labour fait, on étendra sur les plates-bandes un paillis qui entretiendra dans le sol une humidité bienfaisante et empêchera que le sol se durcisse sous l'influence des arrosements.

Dans le cas de sécheresse prolongée, il est un moyen efficace et facile de remédier à la souffrance des arbres : on mettra dans un grand baquet un tiers de crottin de cheval et deux tiers d'eau ; lorsque le mélange commencera à fermenter, on répandra ce liquide à l'extrémité des racines, autour desquelles on aura eu soin de creuser un bourrelet. Deux arrosoirs, répandus le soir, suffiront pour un arbre ordinaire.

Le crottin de cheval pourra être remplacé par d'autres matières telles que du guano, des curures de pigeonnier, du jus de fumier, en dissolvant dans environ trente fois le volume d'eau.

Abris. — Les murs des jardins sont ordinairement pourvus d'un chaperon, mais cette saillie est insuffisante pour abriter les fleurs et les fruits contre les périls qui les menacent au printemps. Le moyen le plus simple pour protéger les arbres contre les variations de température et celui qui est encore le plus généralement adopté pour les pêchers de Montreuil, consiste dans l'emploi de paillassons. On fait sceller au mur, à 5 centimètres au-dessous du chaperon, et de mètre en mètre, des consoles en fer; sur ces consoles on pose des paillassons d'environ 60 centimètres de largeur.

Ces paillassons suffiront pour protéger les espaliers contre un abaissement de température d'environ un degré et demi au-dessous de zéro. Si la température dépasse cette limite, on ajoutera aux paillassons une toile très claire qu'on attachera à une tringle reliant entre elles les consoles. On fixe ces toiles au moyen de ficelles qu'on attache à des pieux enfoncés en terre, de distance en distance, sur le bord de l'allée.

Ces abris, placés vers la fin de février, seront maintenus jusque vers le 20 mai.

On pourrait abriter de la même manière les arbres à fruits à pepins; toutefois, on n'oubliera pas que les poiriers et les pommiers fleurissent plus tard et que leurs fleurs sont plus rustiques que celles des pêchers et des abricotiers.

Arbres en plein vent. — Les formes en vase s'abritent au moyen d'un capuchon en toile très claire. On enfonce quatre piquets dont la hauteur dépasse de 35 à 40 centimètres celle du vase et dont le diamètre excède d'autant celui de ce même vase. Ensuite on attache en haut de ces piquets un cercle sur lequel on posera le capuchon, qu'on maintiendra au moyen de ficelles.

Les arbres en cordons obliques ou verticaux, en palmettes, en contre-espaliers, pourront être abrités au moyen de toiles posées à cheval au-dessus des arbres et supportées par des poteaux qu'on relie les uns aux autres par des fils de fer.

CHAPITRE XX

RÉCOLTE DES FRUITS — FRUITIER.

Ainsi que nous l'avons déjà dit, certaines précautions sont nécessaires, si l'on tient à ce que les fruits se conservent dans le fruitier.

On devra, d'abord, ne procéder à la récolte que par un temps sec, vers le milieu du jour, lorsqu'il n'y a plus d'humidité dans l'atmosphère.

La récolte se fera par ordre de variétés, sans attendre que les fruits soient arrivés à une complète maturité. Les fruits cueillis trop tôt se rident; les fruits cueillis trop mûrs ne se gardent pas. Le meilleur moment pour faire la récolte sera celui où l'épiderme devient transparent. On cueillera les fruits non pas tous à la fois, mais et à mesure qu'ils atteindront le degré de maturité convenable.

Puis, afin que les fruits se débarrassent de la surabondance d'humidité qu'ils peuvent contenir, on les posera en un lieu bien sec, sur une table couverte de paille, et de façon qu'ils ne se touchent pas. On les laissera ainsi pendant sept ou huit jours: et alors on les portera au fruitier.

On choisira pour établir le fruitier une pièce où la température, toujours égale, ne dépasse pas cinq à six degrés au-dessus de zéro, qui soit privée de lumière, et dont l'atmosphère soit sèche.

On sait, en effet, que l'action de la lumière accélère la maturation des fruits, et que l'humidité hâterait leur décomposition.

La meilleure pièce pour un fruitier serait un sous-sol. A défaut de sous-sol, on pourra utiliser une cave à condition qu'il n'y aura pas d'humidité. Dans ce cas, on mettra des boiseries aux murs, et une double porte.

Si l'on place le fruitier ailleurs que dans une cave, ce sera, de préférence, dans une pièce au nord ou au nord-est, en vue de le soustraire aux brusques changements de température.

L'important, de toutes manières, est d'obtenir une température toujours égale et, surtout exempte d'humidité.

Des tablettes seront placées autour de la pièce, par étages superposés à intervalles de 40 centimètres environ, et ces tablettes, garnies d'un petit rebord, seront couvertes d'un peu de paille ou de mousse bien sèche.

On pourrait encore se servir d'une armoire, qu'on disposerait de la même manière.

On fait également des fruitiers au moyen de quatre montants sur lesquels on établit des étages à claire-voie, avec des lattes, à des intervalles de 30 à 35 centimètres. Ces fruitiers offrent un avantage, celui de pouvoir être transportés.

Quel que soit le mode qu'on aura adopté, on placera les fruits par variétés, et, lorsqu'ils auront été rangés, on fermera soigneusement le fruitier, qu'on visitera au moins une fois par semaine, pour enlever les fruits qui se gâteraient ou prendre ceux qui arriveraient à maturité.

Si, dans une de ces visites, on remarquait qu'il y ait sur les fruits quelque humidité, on ouvrirait de façon à donner un peu d'air, et on refermerait le fruitier lorsque l'humidité se serait évaporée.

CHAPITRE XXI

TRAVAUX MENSUELS.

Janvier.

On profitera des petites gelées pour continuer les provisions de toutes les espèces de terres et d'engrais qui pourront être nécessaires dans le courant de l'année pour former les composts.

Quand le temps le permettra, on continuera les labours et les défoncements qui n'ont pu être faits les mois précédents; on préparera les trous pour les plantations des arbres.

On mettra à profit les grandes gelées pour raccommoder les outils, réparer les chaperons, les toiles à abris et fabriquer des paillassons.

Lorsque le temps sera humide, on enlèvera les mousses et les écorces inertes sur les vieux arbres, et ensuite on les chaulera. Il sera bon, en outre, de dépalisser les arbres en espaliers et de les débarrasser des branches inutiles. On rafraîchira les onglets, s'il y a lieu.

On se hâtera de planter les derniers arbres.

On pourra commencer à tailler les amandiers, les pêchers, les abricotiers, les pruniers et les cerisiers, vers la fin du mois de janvier, mais à la condition que le temps soit doux.

Les fruits bons à manger dans ce mois sont, pour les poires à couteau : beurré d'hiver, passe-Colmar, doyenné d'hiver; pour les poires à cuire : bon-chrétien d'hiver, catillac, belle-angevine; pour les pommes à couteau : plusieurs reinettes, calville blanc.

Février.

Il faut se hâter de terminer les labours et les défoncements qui n'auraient pu être faits pendant les mois précédents, car la température ne peut tarder à s'élever.

A moins qu'il n'ait gelé trop fort, tous les arbres doivent être plantés.

On taillera les poiriers et les pommiers lorsque la température le permettra. S'il en est besoin, on réservera des rameaux pour greffer en avril et en mai. On mettra ces rameaux en serre, en les couchant, le long d'un mur, au nord ; trop d'humidité leur nuirait et les exposerait à pourrir.

Aussitôt la taille faite et les arbres palissés, on pratiquera avec la fourche à dents plates le labour du printemps au pied des arbres. On purgera la terre des mauvaises herbes, et on paillera ensuite.

On commencera à tailler la vigne. On placera les toiles ou les paillassons sur les arbres à fruits en espalier.

On visitera les amandes, châtaignes et tous les fruits qu'on a mis en cave dans des pots remplis de sable pour les stratifier. Si ces fruits n'étaient pas germés, on changerait le sable pour activer la germination.

Bouturer tous les arbres qui ont la faculté de s'enraciner par cette opération.

Les poires bonnes à manger en ce mois sont : les bergamotes, le beurré d'Arenberg, Colmar d'hiver, doyenné d'hiver, Joséphine de Malines. Les pommes comme en janvier.

Mars.

La taille des arbres devra être terminée pour le 15 mars au plus tard. Dans le cas où cette opération aurait dû être retardée par suite des gelées, on réserverait pour en dernier lieu les poiriers et les pommiers vigoureux. Une taille tardive aidera à déterminer la fructification.

Il sera bon, d'ailleurs, dans la série des tailles à effectuer, de suivre un ordre qui est parfaitement motivé par la différence de situation et de disposition des arbres : on commencera par les espaliers, on passera ensuite aux contre-espaliers, et on finira par les quenouilles, les pyramides, etc.

Ainsi que nous l'avons déjà recommandé, aussitôt après la taille, on labourera la terre à leur pied, et on paillera, afin que les pluies entraînent dans la couche de terre occupée par les racines les parties solubles des engrais.

Si la saison est douce et avancée, on pourra commencer à éborgner les pêchers.

On fera la chasse aux limaçons et aux chenilles. On détruira les nids de guêpes.

On continuera et on achèvera la taille de la vigne.

On terminera les plantations des arbres en pépinière. On peut semer encore des arbres fruitiers à pépins, et un grand nombre d'espèces d'arbres et d'arbrisseaux divers.

On pratique dans ce mois les greffes Bertemboise, Richard et en fente anglaise pour souder ensemble les arbres à fruits à pépins.

Les poires bonnes à manger en ce mois sont : le doyenné d'hiver, plusieurs bergamotes, etc. En fait de pommes, on a, comme en janvier et en février, la plupart des reinettes, la calville blanc, etc.

Avril.

Avec le mois d'avril commencent les opérations d'été. De même que pendant les mois précédents, on éborgne les yeux doubles ou triples du pêcher, et on ne laisse qu'un seul bourgeon à chaque attache.

Si le puceron ou la cloque apparaissent sur les pêchers, on enlèvera les feuilles qui en seront atteintes. On les coupe avec les ongles pour ne pas fatiguer les jeunes pousses. On pratiquera des incisions pour obtenir les branches latérales nécessaires pour assurer la forme des arbres.

En enlevant aux abricotiers les bourgeons inutiles, on aura soin de détruire une chenille verte qui nuit non seulement aux arbres, mais encore aux fruits qu'elle mange et fait tomber. On s'en débarrasse en pressant légèrement la feuille avec le pouce et l'index. On lave ensuite les arbres en les seringuant.

On continuera de même la chasse aux limaçons, et l'on

visitera les poiriers et les pommiers pour détruire les chenilles.

Vers la fin de ce mois, on commence à greffer en fente les cerisiers, les pruniers, pour finir par les poiriers et les pommiers.

On pratique également la greffe en couronne perfectionnée.

Mai.

Les soins recommandés pour le mois précédent doivent être continués pendant le mois de mai; c'est l'époque où la végétation a le plus de vigueur et qui réclame toute l'attention et l'activité du jardinier.

Les espaliers seront visités avec soin. On retirera les bourgeons qui passeraient derrière les treillages et on attachera les plus longs. On continuera à détruire les insectes, les limaces et les limaçons, à enlever les feuilles cloquées, en un mot, tout ce qui pourrait nuire à la végétation.

On pourra encore greffer les pruniers, cerisiers, poiriers, pommiers.

Les greffes en fente faites dans ce mois pousseront de suite. Si la sécheresse est grande, on arrosera les arbres plantés de l'année précédente, et aussi les vieux arbres, pour empêcher que les fruits ne tombent.

Vers la fin du mois, on ôtera les abris, les toiles, les paillassons qu'on avait placés sur les arbres en espaliers : on choisira pour cette opération un temps sombre ; les jeunes pousses qui sont très tendres pourraient souffrir de l'ardeur du soleil.

On pratiquera les premiers pincements, mais lorsque le bourgeon sera déjà coriace. Ce travail, d'ailleurs, n'a pas d'époque déterminée : il se fait tout l'été, chaque fois que le besoin l'exige. Il a pour effet de répartir la sève dans toutes les parties de l'arbre et d'établir ainsi l'équilibre entre toutes les branches charpentières et fructifères. La blessure qu'on occasionne au rameau est le plus sûr moyen de déterminer sa fructification.

On favorisera le développement des bourgeons de prolongement, en détruisant les bourgeons qui les accompagnent.

Juin.

La végétation est en pleine activité : on devra donc donner aux arbres les mêmes soins que le mois précédent.

On continuera les pincements, on favorisera le développement des bourgeons de prolongement, en enlevant les productions qui naîtraient sur leur empâtement.

On veillera à l'équilibre des branches des arbres et, à cet effet, on aura recours aux inclinaisons, aux palissages et aux divers moyens que nous avons indiqués au chapitre spécial.

On pourra pratiquer la taille en vert sur des pêchers vigoureux.

Juillet.

On continue les travaux du mois précédent. S'il y a moins de pincements à faire, on aura à pratiquer des rapprochements sur les pêchers, les abricotiers, les cerisiers et les pruniers. Il y aura, en outre, de nombreux cassements en vert sur les poiriers et les pommiers.

On continuera le palissage des espaliers, et principalement des pêchers. On découvrira légèrement les fruits, en enlevant quelques-unes des feuilles qui les ombragent. On supprime, en même temps, les branches mal placées ou qui font confusion. Ce travail est nécessaire pour que les fruits puissent prendre de la couleur.

On palissera avec du jonc les prolongements qu'on avait laissés en liberté, afin de leur faire acquérir plus de vigueur.

Si les liens d'osier qu'on a placés au printemps paraissaient être trop serrés, on les enlèverait et on en placerait d'autres.

Les produits en fruits qu'on obtient dans ce mois sont : les cerises, les figues, les groseilles, les abricots, quelques prunes, Monsieur, Mirobolan, et vers la fin du mois, les poires beurré Giffard et d'épargne, etc.

Août.

C'est au mois d'août que se préparent les premiers travaux d'automne, dont ceux d'hiver ne sont que la conséquence.

Quoique les chaleurs soient souvent plus fortes qu'en juillet, l'atmosphère est moins desséchante, et les nuits, plus longues, sont plus fraîches.

Pendant ce mois, on fait les derniers pincements sur les bourgeons qui ont été cassés en vert, et les derniers rapprochements sur les pêchers.

On continue le palissage des arbres fruitiers, qui donnent en août d'abondants produits. On a les premiers raisins, les cerises, des abricots, des prunes, un grand nombre de poires d'espèce fondante, quelques pommes, et surtout des pêches.

On met en place les prolongements de la charpente dont on a dû favoriser l'élongation pendant l'été.

On pourra, vers la fin du mois, enlever les bifurcations et les agglomérations de bourgeons.

On greffe les boutons à fruits sur les poiriers.

On pratique la greffe en écusson à œil dormant, sur tous les arbres fruitiers.

On continue la guerre aux guêpes et aux mouches qui attaquent les fruits.

Septembre.

A cette époque, une chaleur modérée vient remplacer les chaleurs caniculaires qui avaient presque suspendu la circulation de la sève ; celle-ci reprend son mouvement ascensionnel pour le conserver jusque vers la fin d'octobre. C'est le moment de renouveler les produits des jardins pour l'automne et le printemps prochain.

On opère les derniers pincements et les derniers rapprochements en vert.

On continue de greffer en écusson jusqu'au 15 septembre, sur les sujets très vigoureux.

C'est le moment d'effeuiller les vignes. On leur laisse seulement les feuilles principales et l'on supprime celles qui pourraient nuire à la maturation des grappes. Il faut qu'en regardant entre les feuilles, on aperçoive des espaces vides où les raisins se développent sous l'action directe de l'air et de la lumière.

La récolte des fruits commence, et cette récolte doit être faite avec le plus grand soin.

Les pêches qu'on récolte en ce mois sont : la belle-Beauce, belle-de-Vitry, mignonne, Lepère, etc. Les poires qu'on obtient sont : les beurré-d'Amanlis, beurré superfin, William, bonne d'Éze.

Octobre.

On commence les labours d'hiver et principalement dans les terres fortes. C'est le moment d'effectuer les changements projetés dans les jardins.

On fait les trous pour recevoir les arbres qui doivent être plantés.

On procède à la récolte des fruits de garde. Ainsi que nous l'avons déjà dit, cette opération devra se faire par un beau temps et avec soin ; car de la manière dont est faite la récolte dépend la conservation des fruits. Cueillis trop tôt, les fruits se rident et perdent beaucoup de leur qualité ; cueillis trop tard, ils ne se conservent pas longtemps, surtout ceux d'automne.

Tous les raisins destinés à prendre place dans le fruitier, chasselas, muscats et autres, doivent être cueillis par un beau temps.

On pourra tailler, après la chute des feuilles, les arbres faibles, et, dès la fin d'octobre, remplacer les arbres morts ou malades.

Les soirées devenant longues, on les occupe à réparer les paillassons et à en faire de nouveaux pour ne pas en manquer lorsqu'il en sera besoin.

On terminera le travail du mois en apportant des terres neuves, des gazons, des boues des rues longtemps exposées à l'air, et autres engrais, pour les répandre au pied des arbres.

Les poires à manger qu'on obtient dans ce mois sont : beurré-gris, Général Todtleben, beurré-Hardy, doyenné Boussock, Louise-bonne d'Avranches, etc. ; comme pommes, la belle-Dubois.

Novembre.

On continuera la taille de ceux des arbres à fruits à pepins qui sont vieux, faibles ou malades. On supprime les arbres morts ; on défonce le sol et on remplace la terre usée par une bonne terre neuve et substantielle. On couche les figuiers et on les empaille pour les préserver de la gelée.

C'est le moment, aussitôt que les feuilles sont tombées, d'arracher dans les pépinières, les arbres qu'on a marqués. C'est aussi le moment de planter dans les terres légères.

On répand le fumier au pied des arbres et on laboure tout autour, sans endommager les racines, avec la fourche à dents plates.

Si l'été a été très chaud, il sera utile de chauler les arbres ; c'est le moyen de détruire les insectes.

On profitera d'un temps humide pour enlever la mousse des arbres.

On continuera les plantations, et on s'occupera des dispositions nouvelles et des changements à faire dans les jardins.

Les poires qu'on obtient dans ce mois sont : beurré d'Anjou, beurré-Picquery, duchesse d'Angoulême, doyenné du Comice, soldat-laboureur, etc. Les pommes qu'on récolte en novembre sont : Empereur Alexandre, calville Saint-Sauveur, belle Joséphine, reinette d'Angleterre, etc.

Décembre.

On continuera les labours, les plantations d'arbres fruitiers, si le temps le permet. Il est très important de finir les travaux qu'on n'a pu terminer dans le mois précédent ; les froids se font déjà sentir et il n'y a plus de temps à perdre pour se mettre en garde contre les rigueurs de la saison.

Si l'état de la température le permet, on pourra commencer la taille des arbres à fruits à pepins, faibles, vieux ou malades. Cette opération réclame une grande attention : il ne faut pas perdre de vue que le but qu'on se propose est de donner à l'arbre une forme et des proportions qui soient utiles à la fructification.

Dans ce mois arrivent à maturité les poires : beurré Clairgeau, beurré Diel, passe-Crassane, triomphe de Jodoigne, etc.

Les pommes qu'on obtient sont surtout les reinettes.

FIN.

TABLE DES MATIÈRES

5832-86. — Corbeil. Imprimerie Crété.

www.ingramcontent.com/pod-product-compliance
Ingram Content Group UK Ltd.
Pitfield, Milton Keynes, MK11 3LW, UK
UKHW020249250726
13967UKWH00004B/1580